U0789380

珍藏版

山海经

于立文 主编

捌

辽海出版社

目　录

第三十三卷　《山海经》西王母的正神属性考

第三十四卷　从清明上河图到帝禹山河图

第三十五卷　嫦娥的伟大献身精神

第三十六卷　《山海经》里的生命树

第三十七卷　帝禹时代曾经实地考察济州岛

第三十八卷　屈原与《山海经》

第三十九卷　秦始皇爱读《山海经》

第四十卷　寻找不周山启事

第四十一卷　禹迹探险考察

帝皇葬礼

建木是一种为去世的上古帝皇进行祭祀的神树，通过复杂的仪式让皇族的灵魂升天。举行这种仪式应该是灵山十巫中的"巫抵"，是氐人的一支。《山海经》记载"大皞凭借建木登上天，黄帝栽培了建木。"伏羲、颛顼以及后稷都曾在死后举行过这种仪式。

炎帝的确切葬地难以考证，现在中国境内有多处炎帝陵，其中最著名的是位于陕西宝鸡和湖南长沙的两处。关于炎帝神农氏安葬地的记载，最早见于晋代皇甫谧《帝王世纪》，说炎帝"在位一百二十年而崩，葬长沙。"宋代罗泌的《路史》就记述得更具体，炎帝"崩葬长沙茶乡之尾，是日茶陵。"据地方史《酃县志》记载，此地西汉时已有陵。西汉末年，绿林、赤眉军作乱，邑人担心乱兵发掘，于是将陵墓夷为平地。唐代佛教传入，陵前建有佛寺，名为"唐兴寺"，然而陵前"时有奉祀"。炎帝陵自宋太祖乾德五年建庙之后，迄今已有千余年历史，随着历代王朝的兴衰更替，炎帝庙也历尽沧桑，屡毁屡建。

宝鸡相传为炎帝故里。《国语》、《竹书纪年》、《史记》和《帝王世纪》等古代典籍均记载炎帝出于姜水，而姜水当在现在宝鸡一带。炎帝和生活在姬水一带的邻居黄帝，共为而今中华民族的始祖，宝鸡号称"炎帝故里"，也是名副其实。传说神农之母任姒游常羊山，感神龙生了炎帝。在宝鸡市南郊的常羊山上就有一座炎帝陵，相传炎帝死后葬于此地。

《史记·五帝本纪》记载："黄帝崩，葬桥山。"陕西省黄陵县城北一华里的桥山之巅有黄帝陵墓。《汉书·地理志》中说："桥山在上郡阳周县，山有黄帝冢也。"这是关于黄帝陵的最早、最权威的记载。但是随着时间的推移、历史的变革，关于黄帝的葬地产生了多种不同的说法，除陕西说之外，还有其他四种说法，即河北说、山东说、河南说、甘肃说。

对此，有关专家学者结合历史文献学、考古学、民族学、文化人类学、民俗学等多学科的研究方法，多方论证了黄帝陵就在陕西省黄陵县的桥山。黄陵县之黄帝陵今天已成为海内外炎黄子孙公认的圣地，每年清明节都有大批世界各地的华人和政府要员共同举行隆重的祭典仪式，成为民族的一件圣事。

少昊被后世尊为先祖神帝。相传少昊葬于云阳，现曲阜仍保存有完整的少昊陵墓，少昊陵位于曲阜城东 4 公里处的高埠上。墓呈方形石砌，号称中国的金字塔。据记载，黄帝之子少昊建都穷桑，后徙曲阜，葬于鲁故城东门之外的寿丘。但依据《山海经》的说法，在少昊让位于颛顼后，他还去西方镇守，并与开明白虎族后人交好，成为西方的"金帝"或"白帝"。

据考证，少昊陵墓后面的小土山，即云阳山。少昊陵何时建筑，已不可考。《阙里志》记载："宋真宗幸鲁，祀少昊，大建宫殿，以道教守之，古树丰碑，林立栉比，金、元亦加修葺。"明弘治时为雷火焚毁，清乾隆年间又两次大修，后又多次重修。少昊陵和万石山皆平地突起，门前为少昊陵石坊，大门里有享殿五间，两旁各三间配殿，殿前又有大量明、清皇帝和大臣们祭祀少昊留下的祭文碑。

　　颛顼在位时因为少昊之子共工触倒不周山，未能顺利入中原安葬，其墓葬当在今日东北扶余县境内。《海外北经》记载，在东北海以外，大荒的当中，河水流经的地方，有座附禺山，帝颛顼与他的九个妃嫔葬在这座山。这里有鹞鹰、花斑贝、离朱鸟、鸾鸟、风鸟、大物、小物。还有青鸟、琅鸟、燕子、黄鸟、老虎、豹子、熊、罴、黄蛇、视肉怪兽、璿玉瑰石、瑶玉碧玉，都出产于这座山。卫丘方圆三百里，卫丘的南面有帝俊的竹林，竹子大得可以做成船。竹林的南面有红色的湖水，名叫封渊。有三棵不生长枝条的桑树，都高达一百仞。卫丘的西面有个沈渊，是帝颛顼洗澡的地方。

　　《海外东经》中有这样一段："汉水出鲋鱼之山，帝颛顼葬于阳，九嫔葬于阴，四蛇卫之。"汉水指汉江，发源于陕西省汉中市。这里的文字又表明颛顼是葬在汉中的，与《海外北经》记载的在东北海严重不符。但据一些学者的研究，《海外东经》中这段关于颛顼葬地的记载，并非《山海经》原文，而是后人根据《水经》一书中的文字添加的。这段文字并不能作为推翻颛顼在东北安葬结论的依据。

　　在颛顼之后，成为天下共主的是少昊的孙子帝喾。其后帝喾传帝位与帝挚失败，由代表炎帝族利益的帝尧继位。帝尧之后又由代表有虞氏与东方十日族利益的帝舜即位，但舜同时又是尧的女婿。这三位都葬在今日湖南长沙附近。从这一点来说，炎帝家族的墓地应在长沙比较合理，因而炎帝血统的后人都选择了湖南作为葬地。

　　关于帝尧、帝喾、帝舜的葬地在何处有具体的记录。《大荒南经》记载、帝尧、帝喾、帝舜都葬埋在岳山。这里有花斑贝、三足乌、鹞鹰、老鹰、乌鸦、两头、视肉怪兽、熊、罴、老虎、豹子；还有朱木树，是红色的枝干、青色的花朵、黑色的果实。

《大荒南经》记载，有座山叫阿山。南海的当中，有一座氾天山，赤水最终流到这座山。在赤水的东岸，有个地方叫苍梧野，帝舜与叔均葬在那里。

《海外南经》记载，唐尧死后葬在狄山的南面，帝喾死后葬在这座山的北面。这里有熊、罴、花斑虎、长尾猿、豹子、三足乌、视肉。吁咽和文王也埋葬在这里。另一种说法认为是在汤山。还有一种说法认为这里有熊、罴、花斑虎、长尾猿、豹子、离朱鸟、鹞鹰、视肉、虖交。

与帝舜葬在一处的叔均传说为后稷的孙子或侄子，或者是舜的儿子，即商均。不同的人同名也是可能的。毕竟"叔"在上古时代，多指"第二个"，是一种兄弟的排行。《大荒西经》记载："有西周之国，姬姓，食谷，有人方耕，名曰叔均。帝俊生后稷，稷降以百谷。稷之弟曰台玺，生叔均。"又："后稷是播百谷。稷之孙曰叔均，始作牛耕。"但从皇族血统来说，有资格与舜葬在一起的只可能是舜的儿子商均。

明确有陪葬之物的为颛顼、帝尧、帝喾、帝舜。这其实是参考昆仑圣地上玉帝御苑中的动物与植物等。《海内西经》记载："开明北有视肉、珠树、文玉树、玕琪树、不死树，凤凰、鸾鸟皆戴蔽，又有离朱、木禾、柏树、甘水、圣木曼兑。一曰挺木牙交。"

视肉即肉灵芝，又叫太岁，是粘菌复合体，属菌科生物，自然界发现极少。李时珍在《本草纲目》中说："肉灵芝，久食，轻身不老，延年神仙。"肉灵芝具有自身修复功能，割下一块肉，几天后即长好，恢复如初。

珠树、文玉树、王于琪树是天然形成的树状玉石，应该产于昆仑山。

不死松又名龙血树，因其茎干肤色灰青，斑驳栉比状如龙鳞，而且又可分泌出鲜红的汁液，故而得其美名。树脂所凝固成的结块，在中药里称为"血竭"或"麒麟竭"，可以治疗筋骨疼痛，是名贵的中药。

鸾鸟是古代传说中凤凰一类的神鸟。赤色多者为凤，青色多者为鸾。凤凰的原型接近于自然界的孔雀。

离朱应该是太阳神鸟的原型，有金乌、朱鸟、丹雀、丹凤、鸾鸟、鸾凤、红鸾、凤凰、火凤凰各种称谓。现有的雉类包括雉族、眼斑雉族和孔雀族。红腹锦鸡属于雉族，最接近于赤鸟的原型。

木禾指的是薏米。

圣木曼兑或挺木牙交应指璇树，即传说中的赤玉树。除了天然的玉树外，其他可能是溶洞的产物。

《大荒北经》记载："颛顼与九嫔葬焉。爰有鸱久、文贝、离俞、鸾鸟、凤鸟、大物、小物。有青鸟、琅鸟、玄鸟、黄鸟、虎、豹、熊、罴、黄蛇、视肉、璿瑰、瑶碧，皆出于山。狄山，帝尧葬于阳，帝喾葬于阴。爰有熊、罴、文虎、蜼、豹、离朱、视肉。吁咽、文王皆葬其所。一曰汤山。一曰爰有熊、罴、文虎、雌、豹、离朱、鸱久、视肉、虏交。"

鸱久指鸺鹠，是我国南方普遍分布的一种小型鹗类，它的整个上体以棕褐色为主，密布有狭细的棕白色横斑；翅及尾羽黑褐色，在尾羽上有六条鲜明的白色横带，头部不具耳羽，这些特征使它很容易与红角鸮区别开来。

文贝可统指有花纹的贝壳，也是紫贝的别名。郭璞注解说："即紫贝也。"明李时珍《本草纲目·介二·紫贝》说："《南州异物志》云：文贝甚大，质白文紫，无姿自然，不假外饰而光彩焕烂，故名。"紫贝形似贝，圆，大二、三寸，出东海及南海上，紫斑而骨白，指宝贝科动物阿文绶贝、山猫眼宝贝、虎斑宝贝等的贝壳。

离俞即指离朱。

大物、小物指殉葬的大小用具物品。

琅鸟指白鸟。玄鸟是燕子的别称，因它的羽毛黑色，所以称为玄鸟。

璿瑰、瑶碧都指美玉。

虎、豹、熊、罴是少典族驯养动物的标准组合，"使四鸟"是炎帝族与黄帝族的很多嫡系都具备的能力。罴别名马熊、人熊、灰熊，身躯粗壮强健，全身的毛比黑熊要长些，而更能耐寒。

雌是一种体形较大的长尾猴，黄黑色，尾长数尺。

吁咽可能指传说中的帝王虞舜。文王即周文王姬昌，是周朝开国君主。

虏交应指一种猛兽。"虏"为老虎的叫声。"交"古代又通

"蛟"。虖交可能指"虎蛟"。《南山经》中说："虎蛟鱼身而蛇尾，其音如鸳鸯，食者不肿，可以已痔。"虎蛟的原型类似于蛇颈龙。

《大荒南经》记载："帝尧、帝喾、帝舜葬于岳山。爰有文贝、离俞、鸱久、鹰、贾、延维、视肉、熊、罴、虎、豹；朱木，赤枝、青华、玄实。"

《大荒南经》记载："有阿山者。南海之中，有氾天之山，赤水穷焉。赤水之东，有苍梧之野，舜与叔均之所葬也。爰有文贝、离俞、鸱久、鹰、贾、委维、熊、罴、象、虎、豹、狼、视肉。"

委维指延维或委蛇，即双头蛇。传说形貌怪异，但却是野心者期待看到的鬼怪。根据《庄子·达生》记载，齐桓公游猎时就曾因见到人首蛇身的延维而郁闷病倒，后得知这是自己将称霸诸侯的征兆，于是豁然痊愈。双头蛇是某苗蛮部族的图腾。《海内经》记载："有人曰苗民，有神焉，人首蛇身，长如辕，左右有首，衣紫衣，冠旃冠，名曰延维。人主得而飨食之，伯天下。"齐桓公仅仅是看到"延维"，而没有食用，所以只能称霸诸侯。

朱木应为山楂树。《大荒西经》记载："有盖山之国。有树，赤皮支干，青叶，名曰朱木。"而《大荒南经》则记载为"朱木，赤枝、青华、玄实。"青华应为青叶，属于记载错误。郭璞注解说："或作朱威木也。"山楂树古代也称为"柤"，发音类同"朱"。

息　壤

息壤在传说中是一种能自己生长、永不耗减的土壤。郭璞注解说："息壤者，言土自长息无限，故可以塞洪水也。""汉元帝时，临淮、徐县地踊长五、六里，高二丈，即息壤之类也。"郭璞将息壤解释为因地壳变动而涌长出来且能够无限生长的形如堤圩一类的自然物或神物。息壤传说的最早原型，应为一种遇水能迅速膨胀的自然物质，因而能用来堵住水眼，甚至构建堤防。

顾颉刚先生曾作《息壤考》，以为在黄土地区发现的土层因地下水的作用而隆起的现象，是"息壤"传说的现实依据："原来在渭河峡谷里黄土层间……地下水位入冬冻胀，春后消融，地下水流又不断地施压力于上部较薄的地层使得土地突然隆起。"他引用矿物学家张幼丞先生的分析说，有的"息壤"或"息石"，"当是局部的地壳上升的现象"。顾颉刚先生还引述了农学家蓝梦九先生的见解："土向上隆起的原因，尚有粘土的湿胀和土壤生物作用，尤其微生物作用；土壤本身并有弹性。"

学者罗漫在《息壤与膨润土——一个文化之谜的科技考察》中指出传说中的息壤是一种膨润土，可以用作填料或灌浆材料来处理岩石中的裂缝，以降低岩石间的透水性能。一般说来，一块鸡蛋大小的膨润土，吸满水后即长成拳头大小，受热失水后又恢复原状。它的主要成分是蒙脱石，而且蒙脱石含量越多，膨胀量越大。

1982

　　根据 1979 年版《辞海》，将膨润土和蒙脱石与息壤稍加对比，不难发现膨润土的遇水膨胀性与治水的息壤会"长息"的特点完全相同。换言之，块状的蒙脱石便是神话中的"息石"，土状的则是"息壤"。膨润土及其矿床吸水后膨胀，失水后会恢复原状，这也可以解释战国、汉、唐时存在数处息壤，但后来难以考据其原因。

　　唐代柳宗元作有《永州龙兴寺息壤记》。他被贬后，曾寄居在永州的龙兴寺。当时，寺里有一个不解之谜，寺内一间佛堂里，有一片地面顶着墙壁向上长高了一尺多，当初修建佛堂时，把它挖平过，不久它又长了起来；更为蹊跷的是，据说所有挖过这块地面的人都死了。那时永州十分迷信鬼神，以为这是挖的人触动了息壤，遭到神灵的报复。因此，龙兴寺的人都把这块长高的地面当神看待，谁也不敢再去挖平它。实际原因可能是，膨润土有一定的膨胀比率，在有水的情况下，一旦挖去一块，其他的又可能遇水膨胀，但只要挖空所谓的息壤，或者切断水源，高出来的地面是能恢复原状的。而挖土的人都死亡的原因，可能是挖开的地中有不明气体或其他致命的微生物。

　　息壤其后演变为埋在地下镇水的石屋，石屋中放置息壤。《玉堂闲话》对此则有更清楚的表述："禹镌石造龙宫填于空中，以塞水眼。"可见大禹治理管涌险情选用沙石填塞水眼与现今的做法基本相同。罗泌在《路史》中说，大禹治水自岷至荆"定彼泉流之穴，爰以石屋镇之"，石屋中藏有息壤用来堵住"泉流之穴"。所以这个堵泉穴的息壤是不能铲挖的，掘动息壤就会发生水圣或暴雨不止。唐李石《续博物志》说："息壤在荆州南门外，状若屋宇陷土中，而犹见其脊。旁有石记云：不可犯。犯之颇致雷雨。有妄意掘发，水垒上不可制。"

物转星移，大禹镇穴口留下的息壤在唐元和年间无意中给挖了出来。息壤的出土是当时一件引起轰动的大事。据《溟洪录》记载：唐元和年间，裴胄任荆南节度使，在修建城墙时挖得一个大石头，形状与荆州城相似，径长六尺八寸。裴胄没怎么在意，为了不影响施工，吩咐下属将石头搬走丢弃了。紧接着天色大变，连续十多天大雨不止，江水猛涨，裴胄十分着急。这时有个名为欧阳献的道士对裴胄说："你不是曾经挖得一个石头吗，我卜得一卦，那石头是大禹治水留下的息壤，如果给息壤做一石室，再埋入原地，大雨就会停下来。"裴胄大为吃惊，说："前些日确实是挖了一个石头，但不知丢到哪里去了。"他连忙派人四处寻找，最后在一个竹篱笆下面找到了。果如道士所言，息壤埋入地下，天气就晴好如初了。于是，裴胄在南门外息壤处建大禹庙，修息壤祠，拜祭大禹和息壤。

宋庆历甲申年，王子融出任荆州太守。是年，荆州久旱不雨，百姓苦不堪言。城内有位张若水老先生，是个有名的医博士，一生行善积德，做了不少好事。张老先生年愈七十，德高望重，领头率众向新任太守请示挖息壤求雨。太守想看看究竟灵验不灵验，同意挖息壤。挖了数尺，见巨石如屋，四面有石柱石窗，上百人都移不动。于是又找来牛缰绳，叫来几百人帮忙，总算移出了息壤。随即大雨不止，旱情解除。后来官府重修了息壤祠，并在墙壁上画了风雨雷电形象。

明人谢肇淛《五杂俎》记载，荆州南门外有息壤，旁有皇祐二年（公元 1050 年）的石刻，有元代断碑。万历壬午年（公元 1582 年），修筑南门城墙时再次挖出了息壤，"息壤，石也，而状若城郭"。直到清初，还有人见到过息壤。康熙元年（公元 1662 年），荆州连续大旱，百姓请示官员挖掘息壤祈雨。在南门外堤上只挖了几尺，便挖到了屋脊，看见一个石屋，又往下挖了一尺多，挖到了屋门。也是好奇心的驱使，几个开挖的百姓打开石门，只见息壤放在屋内正方，上锐下广，走上前去仔细一瞧，"非土非木，非金非石，其纹如篆"。不知是祸是福，几个人急忙用土将石屋回填好。挖了息壤，雨是下了，然而"其夜大雨不止，历四十余日，大江泛滥，遂决万城，几陷荆州。"事情闹大了，玩笑开过了头，官员在息壤旁勒石明戒"不敢犯"。以后每遇大旱，人们再不打息壤的主意，平时也不敢在息壤上动土挖掘，年年还得培土加高，渐成"土丘"。至此，再无人见到息壤。自唐以来，荆州历代官府建庙修祠，供奉息壤。息壤也从神话传说进入了宗教的殿堂。"春秋祀事，文武僚属咸在"。每遇洪旱，黎民百姓祭祀瞻拜，祈求平安。

鲧也是最早的城郭建造者。《吕氏春秋·君守》记载："夏鲧作城。"高诱注解说："鲧，禹父也，筑作城郭。"钱穆先牛曾经论述城的早期作用："耕稼民族的筑城有两种用意：一是防游牧人的掠夺，而另一是防水灾的飘没。"徐旭生先生曾经指出："城同堤防本来是同一的东西：从防御寇盗说就叫作城，从防御水患说就叫作堤防。鲧所筑之堤防，也就是鲧所作的城或城郭"。鲧从建造堤防开始，然后开始筑城，这在防洪的同时，其实也给当时的统治者造成了极大的威胁。

炎帝时期的原始农耕，还是山林文化为主体。但黄帝发展的水利农耕注重对平原的开发。平原上发展出的文明无疑是更为先进的，但有一个很大的隐患，即部落建筑形式不能如在高山上一样对付水患。一旦发生水灾，原始居民基本上无能为力。而鲧发明的城郭则把平原文明带入了一个全新的时代，并最终为城市与国家的成形奠定了基础。这是保守势力不愿意见到的。尧舜时期，最适合治水的无疑是共工氏穷奇，但他本身又是洪水的发动者。鲧一则不擅长治水，二则城郭的出现动摇了统治者的基础，三则鲧动用的"息壤"矿藏是有限的，属于帝皇所掌控。他最终以最后一个借口被杀了。

最原始的城郭应该由石头建造。昆仑山上玉帝所居住的宫殿在很早之前就被建立起来。夯土为城的历史则还没有到来。原始的夯土围墙并不能抵抗大洪水的冲击。受到洪水严重威胁的普通民众依靠的是土石围子。远古劳动工具落后，围子所用石块是天然石块，这就决定了石块与石块之间不可能完全弥合，如果在石块之间形成的空隙处置放一些膨润土，膨润土遇水膨胀并产生很强的吸附力，自然可以堵塞漏水的孔隙，使石墙后面的土堤不会直接受到洪水的冲刷，达到堵塞洪水的预想目的。如果拦洪围子或堤坝出现水洞，也可用膨润土进行紧急抢修，确保围子或堤坝的安全。

据考古发掘证明，在新石器时代中期仰韶文化的半坡遗址中，发现在周围环绕着一条深 5~6 米，宽 6~8 米的壕沟。姜寨遗址中，氏族居住区轮廓呈椭圆形，面积约 1.8~1.9 万平方米，西南面为临河，东、南、北三面有人工壕沟环绕。新石器时代晚期龙山文化的王城岗遗址中，发现有先后修筑的东西相连的两座夯土围墙。在龙山文化的内蒙古阿善遗址中，其居住区的周围，有依地势修筑的石围墙，是用交错叠压的方法砌成，墙厚1～1.2米。由此可见，在新石器时代，已在聚落周围出现了用于防御的壕沟、夯土围墙、石围墙。

夏王朝建立后，为巩固其统治地位开始构筑王城等较大城池。经专家们考察分析，商代的夯筑技术比夏代有了较大提高。从已发现的河南郑州和湖北黄陂盘龙城两处商代城址来看，城墙主体都是夯土版筑而成。夯土版筑是将两侧壁和一个横头用木板堵住，在这一段内分层夯筑；夯筑成后将横堵板和两侧壁板拆除，然后逐段上筑。这种方法，能在同一时间内集中比较多的劳动力，按一定的标准施工，既加速了筑城进度，又保证了筑城质量。周代的夯筑技术，更上一层楼。位于现在洛阳的周代王城，城墙墙体采用方块夯筑的方法。夯筑时用木板隔成方块，在这个方块内分层夯筑；当夯筑到相当于木板的高度时，再拆板向一方或向上移动，重新组成方块。施用方块夯筑技术，上下夯块交错叠压，层次分明。这种成块的夯打和交错叠放，增加了城墙的坚固性，与后世用砖交错叠砌砖墙的方法类似。用夯筑法筑城，在我国沿用了很长时间。宋代，内部夯土、外部用砖包砌的城墙才逐渐增多。明代中叶以后，才比较普遍地用砖砌筑城墙。

驯　兽

最早驱使野兽作战，并见于诸史记载的应是先占时黄帝和炎帝之间为争夺中原而展开的一场大战。《列子·黄帝》中说：

"黄帝与炎帝战于阪泉之野，帅熊、罴、狼、豹、䝙、虎为前驱，雕、鹖、鹰、鸢为旗帜"。飞禽猛兽一起上阵，其战斗之酷烈，规模之大可想而知。这场大战驱用的这些猛兽，更合理的解释是以猛兽图腾命名的一些"战斗团体"。但在《山海经》之中，明确记载少典族的后人炎帝族与黄帝族后裔都擅长"使四鸟"，即能驱使"虎豹熊罴"这四种猛兽。但使唤这四种猛兽的技能实际源自有熊氏少典族。在早期具体的战争之中，是否驱使丛林猛兽参加战争，并无具体的记载。大规模驯养丛林猛兽的可能性并不大，参与战争的也许是象征性的一些猛兽战队，其决定因素还是人。

据《战国策》、《史记》等记载，公元前 279 年，燕国攻打齐国，包围齐国的即墨城已有三年，齐国守将田单，一方面麻痹敌人，另一方面不断激发城内士兵和民众对敌人的仇恨，鼓舞士气，并且做好了决战的准备。他暗地里搜罗了一千头牛，牛身上披着大红大绿的褂子，角上捆上两把尖刀，牛尾上系着浸过油的粗麻绳子。半夜里战斗开始，一千多头牛尾巴上的油绳全被点燃，被火烧痛的牛拼命狂奔，后面数千名壮士挥刀砍杀，燕国士兵一个个从梦中惊醒，被黑压压冲来的怪兽吓得魂飞魄散，燕军阵地大乱，死伤无数。这就是历史上有名的"火牛阵"。"火牛阵"之战是战争中运用家畜打胜仗的范例。其时古人作战一般都骑战马。马、牛、羊、犬都是人们长期驯养的畜牲，从严格的意义上已经算不上是野兽了。

兽战究竟是从何时发展起来的，已不可考证。但凡文明萌发之初，都有过兽战记载，有些保留下来了，比如象战，还有

些则消失在历史之中。象战有不少经典的例子。根据文献记载，早在公元前 3500 年左右，古埃及就开始驯养大象，虽然没有见到那时使用大象作战的记录，但如果人们不把这种体型庞大的巨兽用于军事倒是件不可想象的事。战象高大勇猛，如果使用得当，战术得法，会在战场上发挥巨大的威力。但如果消极防御和部署失当，一样会造成失败。

《山海经》中比较奇特的是使唤螃蟹的女丑，她是炎帝族的后人。《大荒东经》记载，海内有两个神人，其中的一个名叫女丑。女丑有一只听使唤的大螃蟹。女丑应该是一个巫师，居海边，以螃蟹为部落图腾。在尧为帝后，东方十日族叛乱，因为同为炎帝族血统的关系，女丑出来帮助尧帝，但被十日族所杀。

《山海经》中能使唤老虎的是聂耳国与君子国。《海外北经》记载，聂耳国在无肠国的东面，那里的人使唤着两只花斑大虎，并且在行走时用手托着自己的大耳朵。聂耳国在海水环绕的孤岛上，所以能看到出入海水的各种怪物。大耳朵习俗表明聂耳国也是保留"儋耳"习俗的某个部落。在今日海南地域内，还有在耳朵上打孔，挂比较重的装饰品，把耳朵拉长甚至到达肩部的少数民族部落。这种习俗，称为"儋耳"或"离耳"。

《大荒北经》记载，有个儋耳国，这里的人姓任，是神人禺号的子孙后代，吃谷米。儋耳国人后代中有无继国，也是任姓，其后无继国与东胡草原民族联姻生了无肠国，也是姓任。无肠国靠近聂耳国。任姓的起源，更早可追溯到炎帝之母任姒。

十日族中实力较强的除了羲和族与流黄辛氏之外，还有第九日"壬"姓，后来则演变为"任"姓。

《海外东经》记载，君子国在奢比尸神的北面，那里的人穿衣戴帽而腰间佩带着剑，能吃野兽，使唤的两只花斑老虎就在身旁，为人喜欢谦让而不争斗。以君子国佩带宝剑的传统而言，当在后来的越国地域内。越国为古国名，姒姓，常与吴国对抗，在沿海浙江、福建、广东一带。越国靠近吴国，古代"虞"与"吴"通假，使唤花斑老虎的传统表明君子国有着有虞氏的血统。

炎帝族与黄帝族的最大特征为"使四鸟"，即驯化虎、豹、熊、罴四种野兽。《海外东经》记载，有个国家叫黑齿国。帝俊的后代是黑齿，姓姜，那里的人吃黄米饭，能驯化驱使四种野兽。姜姓最初起源于牧羊为生的游牧族。炎帝族中的姜姓当为华胥族和羌人联姻所产生。而羌人部落中也有姜姓一族。姜姓与能驯化四种野兽的能力表明黑齿国有华胥族中姜姓血统，也似乎表明金乌族中的一支先通过和华胥族联姻，获得了姜姓，而这一支后来又和有"黑齿"习俗的某个部落联姻，产生了黑齿国。这里的帝俊即帝喾，他是少昊的孙子。

这个黑齿国固然有百越民族的成员，但其应属于金乌族的后人。我国的傣族、基诺族和布朗族有用植物烟脂自制"颜料"染齿的习惯，因植物烟脂所制颜料有光泽，似漆，所以也就叫"漆齿"。云南傣族男女从十四五岁开始，有用栗木烟涂牙齿的习惯，认为把牙齿染得愈黑愈美，因此结婚时新娘特别要将牙齿染黑。基诺族的染齿"颜料"却多用梨木，其法是将

1990

爆烧后的梨木放在竹筒内，上面盖上铁锅片，待铁片上的烟脂成发光的黑漆状时，即手持铁锅片用上面的梨木烟脂染齿。布朗族的染齿"颜料"却用红毛树枝制成，其法是将红毛树枝点燃，让黑烟熏在铁锅片上，积黑烟而待用。

除了上面所说的"牙齿愈黑愈美"的装饰作用外，染黑的牙齿还像上了一层"漆"，有保护作用。同时"漆齿"还是一种表达爱情的手段，其中也可能包含着某种原始崇拜。基诺族的青年男女在一起相聚时，姑娘常把铁片端到自己爱慕的青年面前请其染齿。此俗是基诺族的古老传统，据说不习此俗者死后将不受祖先的鬼魂欢迎。布朗族漆齿习俗的内在含义也与此相似。

染齿的另一种手段是嚼槟榔。嚼槟榔是一种生活在湿热地区的少数民族的嗜好，其目的并不是为了染齿，染齿是在嚼槟榔的过程中不知不觉地完成的。在我国的少数民族中，傣族、布朗族、佤族、阿昌族、黎族等都有嚼槟榔的习俗，部分壮族也有嚼食槟榔的习俗。但是，并非所有的"嚼槟榔"嚼的都是真正的槟榔。事实上，不少少数民族嚼的都是槟榔的代用品，只不过仍称之为"嚼槟榔"。

黑齿的后人甚至以"黑齿"为姓氏。一个出自春秋战国时期古夜郎国黑齿部，属于以国名汉化改姓为氏。古夜郎国，战国后期在今贵州一带地区，其国有黑齿夷邦，族人称为黑齿氏。第二源于百济族，出自汉、唐时期朝鲜半岛古百济国附属黑齿国，属于以国名汉化改姓为氏。

《海外东经》记载，玄股国在它的北面。那里的人穿着鱼皮衣，吃鸥鸟蛋，使唤的两只鸟在身边。另一种说法认为玄股国在雨师妾国的北面。有座招摇山，融水从这座山发源。有一个国家叫玄股国，那里的人吃黄米饭，能驯化驱使四种野兽。玄股当指东北地区的赫哲族，他们不仅像周围的满、鄂伦春、鄂温克等族猎人那样以兽皮为衣，还有一些部落有穿鱼皮衣的风俗，过去的史书中称之为"鱼虎部"。大约生活在松花江、黑龙江、乌苏里江流域。玄股国"使四鸟"的技能表明其与炎帝族或黄帝族进行了联姻。

鱼皮可做衣服的有鲢鱼、鲤鱼、大马哈鱼、白鱼、草鱼以及哲罗鱼、赶条鱼等许多种类，用以取皮做衣料的都是十几斤至百斤以上的大鱼。鱼皮具有轻便、保暖、耐磨、防水等特性，做成的衣服冬夏都可穿用。主要式样除通常的衣裤外，一种是袍，先做成坎肩形状，再接两袖和下摆，长过膝盖，类似满族的旗袍。另一种是套裤，只有裤腿而没有裤腰，男式上口平直，女式则为外高内低的斜口。穿时套在裤子外面，狩猎捕鱼时可御寒防水。此外，还有用鱼皮做的绑腿、披肩、围裙、腰带、帽子、手套、靰鞡以及荷包、口袋等佩饰。用布能做的几乎用鱼皮都可以做，可见"鱼皮部"之称真是名不虚传。

赫哲人的鱼皮服饰不仅用料独特，装饰也很美观。他们用野花等制成的染料给鱼皮染上紫、蓝、红、黑、白等颜色，剪成富于本民族特色的云卷等吉祥图案和鹿、鱼、花、草等生活中常见的动植物造型，以补绣的方法装饰在妇女服装的袖口、领托、襟口、前胸、后背和下摆边缘、裤角等部位。男子服装也要用染色的皮、布镶边，显得朴素大方。有的富裕人家，还

把用鱼皮剪好的图案以丝线覆盖加绣在衣物上，形成凸起的浮雕效果，艳丽美观，十分别致。

《大荒东经》记载，有一个芛国，那里的人以黄米为食物，能驯化驱使四种野兽：老虎、豹子、熊、罴。芛本指芡实的茎。宋人邓名世《古今姓氏书辩证》中说："芛，出自芈姓。楚公族大夫食邑于芛，因以为氏。"芈姓可追溯到颛顼的儿子重黎，而重黎极有可能是双生子。芛国当为颛顼后人建立的国家。

《大荒东经》记载，有一个国家叫中容国。帝俊生了中容，中容国的人吃野兽的肉、树木的果实，能驯化驱使四种野兽：豹子、老虎、熊、罴。有个国家叫司幽国。帝俊生了晏龙，晏龙生了司幽，司幽生了思土，而思土不娶妻子；司幽还生了思女，而思女不嫁丈夫。司幽国的人吃黄米饭，也吃野兽肉，能驯化驱使四种野兽。这些都是帝喾的子孙，保留了驯兽传统。

《大荒东经》记载，有个国家叫白民国。帝俊生了帝鸿，帝鸿的后代是白民，白民国的人姓销，以黄米为食物，能驯化驱使四种野兽：老虎、豹子、熊、罴。一般将秽貊合称，指在北到中国吉林省东部、朝鲜西北部的古老民族，是朝鲜人的先民之一。古文献称之为"白民"，"毫人"或"发人"。貊指貘，实际上是一种像"马来貘"的动物，在缅甸、泰国等还有分布。此处帝俊指帝喾，帝鸿指帝挚。

《大荒南经》记载，大荒之中，有不庭之山，荣水到此结束。有人三身。帝俊娶了娥皇，生此三身之国。姚姓，以黍为食，能驯化驱使四种野兽。这里的帝俊当指虞舜，即帝舜。他娶了"女和月母国"的首领，同时也是尧的女儿"娥皇"为妻子。因而三身国同时保留了姚姓与使唤猛兽的传统。

《大荒南经》记载，有个人叫做张宏，正在海上捕鱼。海里的岛上有个张宏国，这里的人以鱼为食物，能驯化驱使四种野兽。张姓最早出自于轩辕黄帝的姬姓。张姓源自于少昊青阳氏之子挥公，因发明弓箭同时成为掌管弓矢的官员。少昊入赘于穷桑氏羲和族，而羲和族的一个父系是东夷的有穷氏，首领以后羿最为著名，非常善射。张氏的善射也源于此。而这位捕鱼的张宏，当为张氏与海边某部落联姻的后人。

《大荒西经》记载，在西北海以外，赤水的西岸，有个天民国，这里的人吃谷米，能驯化驱使四种野兽。天民国的周边都是黄帝的子孙，天民国应为黄帝族血统的部落。《大荒北经》记载，有个叔歜国，这里的人都是颛顼的子孙后代，吃黄米，能驯化驱使四种野兽：老虎、豹子、熊和罴。有一种形状与熊相似的黑虫，名叫猎猎。叔歜是颛顼的儿子。

《大荒北经》记载，有北齐之国，姜姓，能驯化驱使四种野兽。这里的北齐国应为炎帝族的后人。齐姓出自姜姓，齐姓始祖为姜太公子牙，是炎帝之后，发源于山东省营丘。姜太公辅助武王伐纣成功以后，封地于齐，后来建立了齐国。其后的历史上还有北齐，是中国南北朝时的北方王朝之一。公元550年由文宣帝高洋取代东魏建立，国号齐，建元天保，建都邺，史称北齐。

《大荒北经》记载，有个毛民国，这里的人姓依，吃黄米，能驯化驱使四种野兽。大禹生了均国，均国生了役采，役采生

了修鞈，修鞈杀了绰人。大禹哀念绰人被杀，暗地里帮绰人的子孙后代建成国家，就是这个毛民国。依姓本为黄帝族子姓之一。毛民国应是黄帝族依姓一支与东北游牧族联姻产生的部落，但因地处偏僻，其文化主要以游牧族为主。"毛民"不是全身长毛，而是穿皮衣的时候，把毛面向外翻的缘故。古人穿皮衣以毛朝外为正，反裘指毛朝里。东北的羊皮袄等都是如此穿着。"绰人"有身材高大之意。绰人被杀的原因，应该与叛乱有关。但大禹考虑到毕竟同出华胥族，又帮助建立了毛民国。

以地理而论，毛民国大概在今日东北辽宁地域内。根据《国语·晋语》记载："凡黄帝之子二十五宗，其得姓者十四人，为十二姓，姬、酉、祁、己、滕、箴、任、苟、僖、姞、儇、依是也。"依姓表明该族为黄帝族后人。现在世居辽宁中的满族中有依姓一支。

独角兽

独角兽是中国与西方都有的神话题材，在西方神话里，Unicorn 即是独角兽，是传说中一种神秘的生物。通常被形容为修长的白马，额前有一螺旋角，这也是独角兽的最大特征。关于独角兽的形态有很多不同的说法。有的说它像一匹大马，头上有一只角，是难以驯服的生物。有些人则认为它是山羊般的生物，独角。有些民族甚至信奉独角兽。古罗马博物学家普利斯形容独角兽为四肢似大象，狮子尾，上半身像山羊，头上有一黑螺旋纹的角，是极凶猛的怪兽。一位希腊哲学家克特西亚斯对独角兽作出一种普遍形态的表述，他说独角兽是印度一种野生生物，有白色的身体，紫色的头，蓝眼，一只又直又硬的角，底白，中黑，顶部是红色。

《山海经》中记载了一些独角的怪物。《西山经》中说，再往西二百八十里，是座章莪山，山上没有花草树木，到处是瑶、碧一类的美玉。山里常常出现十分怪异的物象。山中有一种野兽，形状像赤豹，长着五条尾巴和一只角，发出的声音如同敲击石头的响声，名称是狰。而"狞"则指面目丑陋。在后来的传说中"狰狞"演变为民间传说的一种野兽，人形，直立行走，面目恐怖。在野外与人相遇，先将上肢遮盖其面目，待人接近时，突然放下上肢，露出面目，使人惊吓而死。后用来形容面目凶恶、极度恐怖的怪物。"狰狞"的原型即《山海经》中五尾独角的赤豹类生物。

《海内南经》记载，兕在帝舜葬地的东面，在湘水的南岸。兕的形状像一般的牛，通身是青黑色，长着一只角。兕是一种与犀牛相当类似的生物，一说就是雌性犀牛。《西游记》里有一段，太上老君所骑青牛走落凡间成精，使着一个圈儿，套去众神好多兵器，这只青牛就是兕了。吴承恩写得好："独角参差，双眸幌亮。顶上粗皮突，耳根黑肉光。舌长时搅鼻，口阔板牙黄。毛皮青似靛，筋挛硬如钢。比犀难照水，象牯不耕荒。全无喘月犁云用，倒有欺天振地强。两只焦筋蓝靛手，雄威直挺点钢枪。细看这等凶模样，不枉名称兕大王！"这种犀牛类的生物是确实存在过的，与难以考据的独角兽还不相同。

但《山海经》中记载的一些马形的独角兽形象，就非常接近西方神话中的独角兽了。《南山经》记载，再往西三百里，

是座中曲山，山南阳面盛产玉石，山北阴面盛产雄黄、白玉和金属矿物。山中有一种野兽，形状像普通的马却长着白身子和黑尾巴，一只角，老虎的牙齿和爪子，发出的声音如同击鼓的响声，名称是胶，是能吃老虎和豹子的，饲养它可以辟兵器。《北山经》记载，再往北三百里，是座带山，山上盛产玉石，山下盛产青石碧玉。山中有一种野兽，形状像普通的马，长的一只角有如粗硬的磨石，名称是䟘疏，人饲养它可以辟火。

駮的形象大概是中西方关于各自独角兽传说的中间版本。《山海经》中说的駮在外形上具备西方独角兽的特征，凶猛之处又具有獬豸的特征。《山海经》中的很多怪兽是否存在，并不能以图腾的融合演化来一贯言之。有些是部落传说演化的图腾形象。但自然界的确能创造出我们现在都很难相信、融合多种动物特征的怪兽，比如灭绝的袋狼，具有狼和虎的双重特征。而更久远的灭绝的珍奇异兽当然更多。纵使发现了此类化石或骨骸，估计生物学家和考古学家都很难想象出其固有的样子。而现在濒临灭绝的麋鹿、鸭嘴兽、熊猫等也是有多种生物特征的融合体。好似越稀罕的怪兽，繁衍延续的能力更差，也就更有传奇色彩。

北冰洋中的独角鲸应该是独角兽传说的另一个来源。中世纪及以前流传的独角兽角最正统的就来源于独角鲸，实际上是它的牙齿。独角鲸仅上颚生一对齿，雄性个体左侧的一枚齿呈螺旋形，长可达 2.5 米，形似角，故名。体表光滑无毛。无外耳廓，耳孔甚小，前肢鳍状，后肢退化。独角鲸属于齿鲸类，一般体长 4～5 米，体重 900～1600 公斤，腹白背黑，是小型鲸类。在胚胎中，独角鲸本有 16 枚牙齿，但都不发达，至出生时，多数牙齿都退化消失了，仅上颌的两枚保留下来。而雌鲸的牙始终隐于上颌之中，只有雄鲸上颌左侧的一枚会破唇而出，像一根长杆伸出嘴外。也有人偶然发现有两枚同时长出的，但数量极少。

中国独角兽中最重要的是麒麟。东汉《说文》记载："麒，仁兽也，麇身，牛尾，一角；麟，牡麒也。""麒麟"以"鹿"为偏旁，古人造这个词的时候，便明白无误地告诉人们，麒麟由鹿演化而来，但它又不是鹿，比鹿多了一些零件和装备。麒麟的额头长着像龙一样的肉质的角、鹿的身体、马的腿、牛的尾巴，身上五彩斑斓，腹部是褐色的，行走时不会踩花和草，素食。

麒麟在古代很多典籍中均有记载。《春秋》记载："哀公十有四年春，西狩获麟"。便是十分有名的传说。根据记载，麒麟不但会被发现，被箭射中还会死。在上古，麒麟虽少见，却也不算是"妖怪"之类。但随着时间的推移，麒麟的本来面目逐渐消失了。

从麒麟的演变过程看，它与龙的演变有着千丝万缕的关联，以至到明清时期两者逐渐同化，使麒麟变成鹿形的龙，除了蹄子像鹿，尾巴像狮和躯体比龙短外，其余和龙的形象一样。因此，明清时期的麒麟，实际上是一种变异的龙。龙凤研究专家王大有先生认为，麒麟是龙凤家族的扩大化。他在著述的《龙凤文化源流》中说："麒麟虽以鹿为原型，然而实际上是一种变异的龙，只易爪为蹄而已。它为中央帝的象征，但因出现较

晚，并不具统治地位，而中央帝的实际形象是蛇躯之龙。"

貔貅在传说中是一种凶猛瑞兽，这种猛兽分为雌性和雄性，雄性名"貔"，雌性名"貅"。但现在流传下来的貔貅已没有雌雄之分了。古代这种瑞兽是分一角和两角的，一角的称为"天禄"，两角的称为"辟邪"。后来再没有分一角或两角，多以一角造型为主。在南方，一般人喜欢称这种瑞兽为"貔貅"，而在北方则依然称为"辟邪"。它专为帝王守护财宝，也是皇室象征，称为"帝宝"。中国古代风水学者认为貔貅是转祸为祥的吉瑞之兽。

另外以独角著名的是獬豸。獬豸也称解豸，是古代传说中的异兽，体形大者如牛，小者如羊，类似麒麟，全身长着浓密黝黑的毛，双目明亮有神，额上通常长一角，它拥有很高的智慧，懂人言知人性。它怒目圆睁，能辨是非曲直，能识善恶忠奸，发现奸邪的官员，就用角把他触倒，然后吃下肚子。当人们发生冲突或纠纷的时候，它能用角指向无理的一方，甚至会将罪该万死的人用角抵死，令犯法者不寒而栗。传说帝尧的刑官皋陶曾饲有獬豸，凡遇上疑难不决之事，就让獬豸裁决，均准确无误。所以在古代，獬豸就成了执法公正的化身。

不曾有人亲眼见过獬豸究为何物，因而引出人们诸多想象，有人认为它像鹿，有人觉得它像牛，更多的说法还是像羊。除了相关的古籍如《后汉书》、《论衡》、《五杂组》等记述之外，考古发现，秦之前文物中的獬豸都是一角羊的造型，牛形獬豸则出现在东汉之后。相传在春秋战国时期，楚文王曾获一獬豸，照其形制成冠戴于头上，于是上行下效，獬豸冠在楚国成为时尚。秦代执法御史带着这种冠，汉承秦制也概莫能外。到了东汉时期，皋陶像与獬豸图成了衙门中不可缺少的饰品，而獬豸冠则被冠以法冠之名，执法官也因此被称为獬豸，这种习尚一直延续下来。至清代，御史和按察使等监察司法官员都一律戴獬豸冠，穿绣有其图案的补服。

龙生九子

龙形象形成的过程中，曾海纳百川地汇集了多种兽类形象，也就有了龙生九子的各种说法。但龙之九子为何物，究竟谁排老大谁排老二，并没有确切记载。民间对此也有各种各样的说法。

据说一次明孝宗朱祐樘心血来潮，问以博学著称的礼部尚书李东阳："朕闻龙生九子，九子各是何等名目？"李东阳竟也不能回答，退朝后七拼八凑，列拉出了一张清单。按李东阳的清单，龙的九子是蚣蝮、嘲风、睚眦、赑质、椒图、螭吻、蒲牢、狻猊、囚牛。不过民间传说中的龙子却远远不止这几个，狴犴、貔貅、饕餮等都被传说是龙的儿子。其实所谓龙生儿子，并非龙恰好生九子。中国古代传统文化中，往往以九表示极多，而且有至高无上的地位。龙生九子的版本有几个，但终究离不开以上提及的几种形象。

在上古社会，龙几乎是以一种普遍的形象而存在的，这也和当时不成熟的动物分类学有关。今日我们看来非常熟悉的一些动物，在上古社会可能就冠以龙族的名称，并逐渐演变成龙的九个儿子。但这九个儿子显然和龙本身还是有区别的。综合

龙牛九子的形象，可以归纳出龙族的一些特征，即"身形在同科动物中异常庞大，基本都有一颗硕大凶猛的头颅"。这类凶猛的怪物，给上古人们的印象是非常深刻的，因而统统冠以龙族之名。但随着龙图腾的最终成形并广泛传播，这类传说中的怪物原本就只是普通动物，却因广义上的龙形象出现，离其本来面貌越来越远了。

从对一些上古动物的描述中可以看出，有些史前动物好像并不是几十万年前灭绝的，在《山海经》记载的历史中还比较活跃。也许某些传说中记载了先民们口述的形象，又或者当人类活动进入农耕活跃期，这些动物就迅速消失了。

如果把龙之九子的龙首形象替换为平常的动物，就能看出其基本原型了。蚣蝮一般饰于石桥栏杆顶端。传说它的形象似龙非龙，似虾非虾，平生最喜欢水，伴水而居。它喜波弄水，常年累月在河水中玩耍，又名帆蚣，擅水性，喜欢吃水妖，据说是龙王最喜之子。蚣蝮的形象看上去仿佛一只懒洋洋的大蜥蜴，或者是一只大鳄鱼。蚣蝮的原型应是鼍龙，又名中华鳄、扬子鳄，俗名土龙、猪婆龙，分布于长江中下游，是中国的特产动物。

椒图形状像螺蚌，性格封闭，最反感别人进入它的巢穴。人们常将其形象雕在大门的铺首上，或刻画在门板上。螺蚌遇到外物侵犯，总是将壳口紧合。人们将其用于门上，大概就是取其可以紧闭之意，以求安全。蜃的原型是海中巨大的贝壳类生物。《说文》中说："雉人海化为蜃。"《周礼·掌蜃》注："蜃，大蛤也。"《国语·晋语》注："小曰蛤，大曰蜃。皆介物，蜃类也。”蜃后来演变成蜃龙，成为传说中的蛟属，能吐气成海市蜃楼，其形象为雉鸡头，背上有贝壳，身形为龙身的怪物。

蛟也属于龙的一种，一般来说，龙代表仁义，而蛟则比较邪恶。其中有虎蛟，一种说法是“蛟似蛇四足。”《抱朴子》中则说“母龙曰蛟。”又有《韵会》说：“龙属。无角曰蛟。”总而言之，蛟是一种无角，蛇身，四足的水兽，同龙十分相似。《南山经》中说：“虎蛟鱼身而蛇尾，其音如鸳鸯，食者不肿，可以已痔。”《埤雅》记载：“蛟，其状似蛇而四足，细颈，颈有白婴，大者数围，卵生，眉交，故谓之蛟。”总而言之，据古人说蛟像蛇的样子，却有四只脚，小小的头，细细的脖子，脖颈上有白色肉瘤，大的有十几围粗，卵有瓮大小，能吞食人。这个形象非常像蛇颈龙，也是现在众多天池湖泊目击报告中的水怪的样子。

对于“龙生九子”，影响较大的一种说法是：长子囚牛，喜音乐，立于琴头。一些贵重的胡琴头部至今仍刻有龙头的形象，称之为“龙头胡琴”。不光立在汉族的胡琴上，彝族的龙头月琴、白族的三弦琴以及藏族的一些乐器上也有其扬头张口的形象。从囚牛的名称而言，其具有牛形的特征，应该来源于夔龙。《大荒东经》描写夔是：“状如牛，苍身而无角，一足。”夔龙的头部类似无角的牛。

次子睚眦，样子像长了龙角的豺狼，怒目而视，双角向后紧贴背部，嗜杀喜斗，刻镂于刀环、剑柄等兵器或仪仗上起威慑之用。睚眦的原型应是一种巨型的豺狼类动物，类似早已灭

绝的巨豺齿兽或恐狼。

自从恐龙灭绝后，巨豺齿兽就成了食物链上方的掠食者。它们很快在欧亚大陆与北美遍布的平原取得优势，并像此时许多动物一样，发展出巨大身躯。巨豺齿兽相当繁盛，约有七个品种，体型从狐类到小型犀牛大小的都有。巨豺齿兽具有非常强有力的双颚与巨爪，而且速度飞快。最大的种类必定是平原上的恐怖主宰，甚至会对年幼的长颈犀形兽造成威胁，但其生存年代远在 4100 万年到 2500 万年前。

狼的外形有小（郊狼）、中（森林狼）、大（草原狼）之分，吻尖长，眼角微上挑。因为产地和基因不同，所以毛色也不同。灰狼的体重和体型大小各地区不一样。在狼的进化史中，一种大名鼎鼎的狼在更新世晚期出现，这便是恐狼。恐狼的名气之大不仅仅是因为它较大的体型，更是因为它直到八千年前才灭绝。这使得恐狼成为除灰狼外，人类可能曾经面对过的唯一一种"大灰狼"。传说中的恐狼具有凶恶的眼神，钢铁般的脸庞，潜伏在黑夜之中，吼唱着它们的恐狼之歌。

三子嘲风，样子像狗，平生好险，今殿角走兽有其遗像。嘲风不仅象征着吉祥、美观和威严，而且具有威慑妖魔、清除灾祸的含义。嘲风的原型来自巨型犬类。《说文解字》中说："狗四尺为獒。"从这点来说，獒当之无愧称得上是一种龙犬。

獒犬以产于西藏的最为著名。藏獒，又名藏狗、蕃狗、羌狗，原产于中国青藏高原，是一种高大、凶猛、垂耳、短毛的家犬。身长约 130 厘米左右，被毛长而厚重，耐寒冷，能在冰雪中安然入睡，性格刚毅，力大凶猛，野性尚存，使人望而生畏。护领地，护食物，善攻击，对陌生人有强烈敌意，但对主人极为亲热，是看家护院、牧马放羊的得力助手。成年公獒正常体重约在 50～80 公斤，母獒约在 38～60 公斤，身长要大于肩高。

四子蒲牢，形状像龙但比龙小，喜音乐和鸣叫，刻于钟钮上。据说蒲牢生活在海边，平时最怕的是鲸鱼。每每遇到鲸鱼袭击时，蒲牢就大叫不止。于是，人们就将其形象置于钟上，并将撞钟的长木雕成鲸鱼状，以其撞钟，求其声大而亮。蒲牢的原型应该是海狮。鲸鱼喜欢捕食海狮为食物。

海狮因面部长得像狮子而得名。海狮生活在海里，以鱼、蚌、乌贼、海蜇等为食，也常吞食小石。海狮没有固定的栖息地，每天都要为寻找食物的来源而到处漂游。北海狮又叫北太平洋海狮、斯氏海狮、海驴等，是体形最大的一种海狮，因为在颈部生有鬃状的长毛，叫声也很像狮子吼，所以得名。北海狮分布于北太平洋的寒温带海域，包括白令海、鄂霍次克海、阿拉斯加、堪察加、阿留申群岛和北干岛等地，在我国见于江苏启东的黄海海域和辽宁大洼的渤海海域。

五子狻猊，又称金猊、灵猊。狻猊的原型是狮子。狮子是唯一的一种雌雄两态的猫科动物，是地球上力量强大的猫科动物之一。狮子生存的环境里，其他猫科动物都处于劣势。亚洲狮是亚洲最凶猛的猫科动物之一，也是亚洲最顶级的食肉动物之一，曾经在亚洲地区广泛分布，但人类的猎杀和环境的破坏，使亚洲狮几乎走向了灭绝。

　　狻猊本是狮子的别名，所以形状像狮子，喜烟好坐，倚立于香炉足上，随着佛教传人中国。人们喜欢将其安排成佛的坐骑，或者雕在香炉上让其款款地享用香火。另外，狻猊还是文殊菩萨的坐骑，在文殊菩萨的道场五台山上还建有供奉狻猊的庙宇。因狻猊为龙的五子，所以庙名为五爷庙，在当地影响颇大。明清之际的石狮或铜狮颈下项圈中间的龙形装饰物也是狻猊的形象，它使守卫大门的中国传统门狮更为威武。

　　六子赑屃，又名霸下，样子似龟，喜欢负重，是驮着石碑的龟。相传上古时期它常背起三山五岳来兴风作浪。后被夏禹收服，立下不少汗马功劳。治水成功后，夏禹就把它的功绩，让它自己背起，故中国的石碑多由它背起。赑质和龟十分相似，但细看却有差异，赑屃有一排牙齿，而龟类却没有，赑屃质和龟类在背甲上甲片的数目和形状也有差异。赑屃是长寿和吉祥的象征。它总是吃力地向前昂着头，四只脚拼命地撑着，挣扎着向前走，但总是移不开步。赑屃的原型是龟或者鼋。

　　龟，俗称乌龟，泛指龟鳖目的所有成员。鼋是爬行动物，外形像龟，生活在水中，短尾，背甲暗绿色，近圆形，长有许多小疙瘩，它是淡水龟鳖类中体形最大的一种，体长为80～120厘米，体重约50～100公斤左右，最大的超过100公斤。

　　七子狴犴，又名宪章，样子像虎，有威力，好狱讼，人们便将其刻铸在监狱门上，故民间有虎头牢的说法。又相传它主持正义，能明是非，因此它也被安在衙门大堂两侧以及官员出巡回避的牌上端，以维护公堂的肃然之气。狴犴的原型是巨型虎类，而其形象中往往有两根夸张的獠牙，十分类似剑齿虎。

虎，又称老虎，是当今体型最大的猫科动物，也是亚洲陆地上最强的食肉动物之一。最大的虎种体重可以达到 350 公斤以上。老虎对环境要求很高，各类老虎亚种均在所属食物链中处于最顶端，在自然界中没有天敌。虎的适应能力也很强，在亚洲分布很广，从北方寒冷的西伯利亚地区，到南亚的热带丛林及高山峡谷等地，都能见到其优雅威武的身影。

狭义科学上的剑齿虎指剑齿虎亚科中的短剑剑齿虎，是大型猫科动物进化中的一个旁支，生活在中新世——更新世时期。剑齿虎长着一对和其他猫科动物相比较长的犬齿，故得名。

剑齿虎进化中的一个旁支，其中最著名的刃齿虎属大约生活在距今 300 万年到 1 万年前的更新世。全新世时期，它与进化中的人类祖先共同度过了近 300 万年的时间。剑齿虎的体重比现代狮子重不少。它的后腿和尾巴非常短小，更像是一只体格健壮的瘦熊。成年剑齿虎体重约 200 公斤，其犬齿最长可达 17 厘米，以大型哺乳动物为食。如果说剑齿虎最晚到一万年前才消失，其形象完全有可能随传说流传下来。

八子负屃，身似龙，雅好斯文，盘绕在石碑头顶或两侧。以赑屃驮着石碑，而负屃盘绕在石碑头顶的组合而言，这两者的组合即是"玄武"，即龟与蛇。赑屃的原型是龟，而负屃的原型则是巨蛇。玄武是一种由龟和蛇组合成的一种灵物。玄武的水神属性，颇为民间重视和信仰。

2006

末子螭吻，又名鸱尾或鸱吻，为鱼形的龙，喜欢四处眺望，一般位于殿脊两端。在佛经中，螭吻是雨神座下之物，能够灭火。螭吻的原型是鳌鱼，也可以说是一种大型的鲤鱼。相传在远古时代，金、银色的鲤鱼只有跳过龙门，才能飞入云端升天化为龙。但如果它们跃龙门前偷吞了海里的龙珠，就只能变成龙头鱼身的鳌鱼。雄性鳌鱼金鳞葫芦尾，雌性鳌鱼银鳞芙蓉尾。

饕餮，样子似狼，性贪吃，位于青铜器上，现在称之饕餮纹。因它又能喝水，故古代也将其刻在桥梁外侧正中，防止大水将桥淹没。据民间传说，这种怪兽贪吃无厌，把能吃的都吃光了以后，最后竟然吃了自己的身体，到最后吃得只剩一个头部，所以落下个"有首无身"的名声。饕餮的原型应为贪吃的猪。

《神异经·西荒经》中说："饕餮，兽名，身如牛，人面，目在腋下，食人。"《神异经·西南荒经》记载："西南方有人焉，身多毛，头上戴豕。贪如狼恶，积财而不用，善夺人谷物。强者夺老弱者，畏强而击单，名目饕餮。"

貔貅在南方及东南亚一带都被称为龙的第九子。它大嘴无肛，只进不出，深为赌徒所喜。在《汉书·西域传》上有这样的记载："乌戈山离国有桃拔、狮子、犀牛。"孟康注解说："桃拔，一日符拔，似鹿尾长，独角者称为天鹿，两角者称为辟邪。"辟邪便是貔貅了。貔貅的原型是马或鹿。《周礼·夏官·度人》记载："马八尺以上为龙。"这种中国的独角兽十分类似《山海经》中记载的胶。

龙生九子原型表

名称	别名	形象	原型	镇守位置
蚣蝮	帆蚣	大蜥蜴、鳄鱼	扬子鳄	桥栏杆顶端
椒图	蜃龙	螺蚌	螺蚌	大门铺首、门板
蛟龙	虎蛟	蛇	蛇颈龙	水纹装饰
囚牛	不详	牛	夔龙	胡琴头部
睚眦	不详	豺狼	巨狼	兵器或仪仗上
嘲风	不详	巨型犬	獒犬	屋顶垂脊前端
蒲牢	不详	小型龙	海狮	钟上
狻猊	金猊、灵猊	狮子	狮子	座骑、香炉
赑屃	霸下	龟	鼋	石碑下面
狴犴	宪章	虎	剑齿虎	监狱门、衙门大堂
负屃	不详	蛇	巨蛇	石碑头顶或两侧
螭吻	鸱尾、鸱吻	鱼形龙	大鲤鱼	殿脊两端
饕餮	三苗	牛或猪	巨型猪	青铜器、桥梁外侧
貔貅	辟邪	鹿或马	独角兽	守财之所

发明与创造

　　黄帝对于华胥族所保留的文明种子，持一种完全开放的态度。更多的部落通过与黄帝族的联姻获得了姓氏，并分享了其文明形态。黄帝族所代表的改革势力以水利农耕为基础，击败了代表保守势力的炎帝族。其后的后稷更把农耕的技术带人了新阶段。传说巧倕精通各种工具的制作。般发明了弓和箭。番禺发明了船。吉光发明了车。夌发明了箭靶，鼓、延二人发明了钟，作了乐曲和音律。帝俊有八个儿子，创作出歌曲和舞蹈。

晏龙发明了琴和瑟两种乐器。但更为合理的说法应该是，这些皇族担任了相应的官职，他们把更早的原始发明改良成为正式可用的形式，并对全族进行推广，以法律的形式进行固化。从这一点而言，他们其实算不上是最初的发明者，只是影响最广泛的官方改良者与推广者。

《山海经》记载，有个西周国，这里的人姓姬，吃谷米。有个人正在耕田，名叫叔均。帝俊生了后稷，后稷把各种谷物的种子从天上带到下界。后稷的弟弟叫台玺，台玺生了叔均。叔均于是代替父亲和后稷播种各种谷物，开始创造耕田的方法。后稷开始播种各种农作物。后稷的孙子叫叔均，这位叔均最初发明了使用牛耕田。大比赤阴，开始受封而建国。大禹和鲧开始挖掘泥土治理洪水，度量划定九州。大比赤阴可能指后稷的生母姜嫄。

姜嫄虽然是帝喾的元妃，大概也是婚前生子的原因，并没有得到帝喾的宠爱。帝喾先传帝位于帝挚，这是第四妃常仪所生。姜嫄成为元妃后，还生了儿子台玺。但他显然没有得到帝喾的信任，没有担任任何重要的职位，而是与后稷一起进行农耕技术的改进。台玺的儿子叫叔均，后稷的孙子叫叔均，帝舜的儿子也叫商均。但这三者应不是同一人。"均"的本意是划分土地，因而"均"可能也是一种掌管土地的官职。台玺的儿子先担任这个位置，然后传给了后稷的孙子，他们一起改进了牛耕田的技术。这个位置后来可能还传给了舜的儿子。

《海内经》记载，帝俊生了三身，三身生了义均，这位义均便是所谓的巧倕，从此开始发明世间的各种工艺技巧。这里的"帝俊"指帝舜比较容易解释。从这一点来说，义均是帝舜的孙子。以字形而论，姚之甲骨文十分类似三个人并立在一起，可能是"三身"国的来由。巧倕传说是上古尧舜时代的一名巧匠，他的手非常巧，改良了弓、耒、耜、舟等。

《海内经》记载，少暤生了般，这位般最初发明了弓和箭。般即少昊之子挥弓，也是张姓的始祖。少昊入赘于穷桑氏羲和族，而羲和族的一个父系是东夷的有穷氏，首领以后羿最为著名，非常善射。

《海内经》记载，帝俊赏赐给后羿红色弓和白色矰箭，用他的射箭技艺去扶助下界各国，后羿便开始去救济世间人们的各种艰苦。在东夷之中，善射的有穷氏一族掌管的是"射正"，即射箭的礼仪。这一族实力强大，与羲和族联姻成"穷桑氏"。有穷氏中善射的历代首领都冠以"羿"之名。嫦娥奔月传说中的后羿，是在夏朝建立之后出现的有穷氏中的首领。最原始的弓箭的发明应归功于有穷氏。

《海内经》记载，帝俊生了禺号，禺号生了淫梁，淫梁生了番禺，这位番禺最初发明了船。番禺生了奚仲，奚仲生了吉光，这位吉光最初用木头制做出车子。此外帝俊指帝喾。轩辕氏擅长造车，其后人黄帝也精通此道，并发明了指南车，在与蚩尤之战中发挥了重要作用。轩辕氏最初发明的是比较简单的人力车，在大禹时期才发展成为成熟的规范化的马车。奚仲是大禹时的"车正"，负责造车事宜，他与轩辕氏后人联姻，生了吉光，吉光本身的名字即有"辕"之形。吉光也成为古代对神马的一种称呼。谯周《古史考》记载："黄帝作车，少昊驾

车，禹时奚仲驾马，仲又造车，广其制度也"。这是指轩辕氏发明了车，少昊发明了驾车，而奚仲发明了马车。

帝喾后裔中的番禺发明了船。这位番禺应该封地于后来广州的"番禺"。番禺为秦始皇三十三年设置的古县，是南海郡的首县，并为郡治所在地。《山海经》记载，"桂林八树在贲禺东"。郭璞注解"贲禺"说："今番禺。"汉初的史料亦多处提到"番禺"，或亦书作"蕃禺（隅）"，即指今广州番禺一带，是当时岭南最为重要的聚落，已形成地区性的政治、经济中心，亦是广东境内最早见于古史的地名。

《海内经》记载，炎帝的孙子叫伯陵，伯陵与吴权的妻子阿女缘妇私通，阿女缘妇怀孕三年，这才生下鼓、延、殳三个儿子。殳最初发明了箭靶，鼓、延二人发明了钟，作了乐曲和音律。末代炎帝的孙子伯陵为新的钟山之神"烛阴"，他生了儿子鼓。伯陵因私情被吴权发现，其子鼓联合了西王母手下的某个首领钦邳杀了葆江。鼓与钦邳其后被黄帝下令诛杀。

《海内经》记载，帝俊有八个儿子，他们开始创作出歌曲和舞蹈。帝喾四妃常梦吞日，经八梦，生子八人，皆精通日月星辰观测，被誉为"八才子"、"八翌"、"八神"、"八元"。

《海外南经》说："有神人二八，连臂，为帝司夜于此野。""连臂"是携袂踏歌而舞之象，即《楚词》中所说的"二八接舞"。"神人二八"即民间所说的夜游神，就是"八恺"与"八元"的组合。

《海内经》记载，帝俊生了晏龙，这位晏龙最初发明了琴和瑟两种乐器。"烛阴"、"祝融"、"晏龙"是不同时期对钟山之神的称谓，这一点在《山海经》中其他部落首领的称号演变中也可以见到。但琴瑟显然不是由晏龙最早发明的。《大荒东经》记载，东海以外有一深得不知底的沟壑，是少昊建国的地方。少昊就在这里抚养帝颛顼成长，帝颛顼幼年玩耍过的琴瑟还丢在沟壑里。

《古史考》则记载："伏羲作琴、瑟。"《纲鉴易知录》中说："伏羲斫桐为琴，绳丝为弦；缚桑为瑟。"这都把伏羲作为最早的琴瑟发明者。《帝王世纪》记载："神农始作五弦之琴，以具宫商角徵羽之音。历九代至文王，复增其二弦，曰少宫、少商。"帝喾是少昊的孙子。但琴的出现则早于帝喾执政时期。这也可见古琴与瑟的发展改良是由多人完成的，而在晏龙手中最终完成了琴的官方形制。

春秋战国考

春秋战国时期合称东周时期。西周时期，周朝君王保持着天下宗主的威权，平王东迁以后，东周开始，周王室开始衰微，只保有天下共主的名义，而无实际的控制能力。同时，一些被称为蛮夷戎狄的民族在中原文化的影响或民族融合的基础上实力也很快赶了上来。中原各国也因社会经济条件不同，大国间争夺霸主的局面出现了，各国的兼并与争霸促成了各个地区的统一。因此，东周时期的社会大动荡，为全国性的统一准备了条件。

春秋战国来源于春秋和战国两部分，在中国上古时期，春季和秋季是诸侯朝觐王室的时节。另外，春秋在古代也代表一年四季。而史书记载的都是一年四季中发生的大事，因此"春秋"是史书的统称。鲁国史书的正式名称就是《春秋》。传统上认为《春秋》是孔子的作品，也有人认为是鲁国史官的集体作品。而"战国"来自于《战国策》，这是国别体史书。一般史学界以三家分晋，田氏代齐为春秋（前770～前476）和战国（前475～前221）的分界线。

平王东迁洛邑（今河南洛阳）以后，西土为秦国所有。它吞并了周围的一些戎族部落或国家，成了西方强国。在今山西的晋国，山东的齐、鲁，湖北的楚国，北京与河北北部的燕国，以及稍后于长江下游崛起的吴、越等国，都在吞并了周围一些小国之后，强大起来，成了大国。于是，在历史上展开了一幕幕大国争霸的激烈场面。

战国七雄是七个最强的诸侯国的统称。春秋时期无数次战争使诸侯国的数量大大减少。到战国时期，实力最强的七个诸侯国分别为燕、齐、楚、秦、赵、魏和韩。除战国七雄外，其余为人熟知的还有晋、陈、吴、越、宋、鲁、卫、陈等国。

燕　国

黄帝儿子青阳氏入赘于东夷后，成为少昊。少昊成为天下共主后，启用的是新的太阳神鸟的图腾，即与金乌类似的燕子图腾，他统领的部族主体是羲和族。少昊的孙子帝喾在颛顼后继位，也保留了燕子图腾。高辛氏帝喾的一个儿子契，因为保留了少昊的燕子图腾，就有了殷商先祖关于玄鸟的传说。司徒契也就成为殷商的先祖。以燕子为图腾的少昊后人伯益，成为秦朝的先祖。

少昊的后人包括后来诸多以"燕"为名的国家。黄帝的后代中有个叫伯儵的，商朝时被封于燕（今河南省延津县东北），建立燕国，历史上为与蓟地燕国相区别，称作南燕。中国历史上有许多燕国，如北燕、南燕、前燕、后燕、西燕、大燕、五代燕等。其中，最早的燕国是商代的南燕。少昊坎坷一生，足迹遍布中部、东部、西部，因而他的后人以燕子为图腾立国的国家也很多，而且在地域上分布很广。

北燕，始封于公元前 11 世纪，都城在"蓟"，位于今北京房山区琉璃河，其国土相当于今北京及河北中部与北部一带。北燕国的始祖是周召公，但最早可追溯到《山海经》中的钜燕国，这也是少昊羲和族统领的故地。毕竟少昊作为黄帝之子，起初也是姬姓的。周召公封地于此，应也有这个考虑。

齐　国

齐姓出自姜姓，齐姓始祖为姜太公，发源于今山东省营丘。姜太公辅助武王伐纣成功以后，封地于齐，后来建立了齐国。姜太公的始祖可追溯到尧舜时期的伯夷。相传伯夷为姜姓，为炎帝神农氏之裔共工的侄孙，也就是共工兄弟的孙子。这位共工氏就是与颛顼争帝位，触倒不周山，引起大洪水的穷奇。穷奇的身份是少昊之子，入赘于炎帝共工氏水神家族，因与颛顼争帝位而被尧舜冠以凶神之名。共工的兄弟也应是少昊的另一个儿子，他大概是与穷奇一起入赘于炎帝家族的。

伯夷曾担任帝颛顼的大祭司，后为第一代太岳。另一说伯

夷父即伯夷。而伯夷父是帝颛顼的老师。颛顼曾让伯夷父颁布法典，制五刑，以折臣民。伯夷在帝尧时辅政，掌管礼仪，帝舜时正式任命伯夷为秩宗。大禹治水及代行天子之政时，伯夷尽心辅弼，成为禹的心腹之臣。为嘉奖伯夷，帝舜晚年赐伯夷恢复姜姓，封为吕侯，掌管四岳，其子孙因此亦以吕为氏。伯夷所在部落发展出四支胞族，以申、吕、齐、许的四个地方为名，后来演变成四姓，掌管四岳。在尧、舜、夏禹时代，四岳是部落联盟的山岳祭司。伯夷后被尊为吕姓始祖。从这一点来说，伯夷是四岳之长，但分管的"四岳"又指申、吕、齐、许这四人。

楚　国

楚之先祖可追溯到季连，出自帝颛顼高阳氏。季连之后曰鬻熊，是周文王的老师，其曾孙熊绎在成王时被封为楚子，意为楚地的子爵。颛顼生了老童，老童生了祝融，也就是重黎。重黎因对共工讨伐不力被帝喾所杀。据《东周列国志》记载，重黎死后，其弟吴回接替了祝融的位置，生子陆终，娶鬼方国君之女，第六子就是季连。

生活在巴山、巫山、成都平原上的部族，包括巴人、蜀山氏、巫氏等，在黄帝时期大部分与苗蛮一起成为一个统一的部族联盟，即由炎帝臣子蚩尤统领的九黎。华胥族与其相处时，既有联姻也有战争。在蚩尤领导九黎部落与黄帝作战失败后，九黎部族开始分裂。但其中苗蛮的主体三苗则依然有举足轻重的影响力。黄帝到大禹时期，三苗的后人为恢复自己的统治力，与华夏族进行了持续的战争。

随着华胥族实力的日益巩固，三苗的努力都以失败告终了。舜击败三苗之后，把三苗的一部分迁到了三危山，即伺候西王母的三青鸟族居住的地方，以对抗西戎，约在今日敦煌附近。但"三苗"的主体还是在中原的，而且一直抗争不休。最后大禹再次征伐三苗，大败苗师，三苗从此衰微。三苗被迫迁徙到今日的湖南，到商、周时期，"三苗"又被称为"荆楚"，有时也被称为"南蛮"。在战国时期，三苗的后人终于以楚国的身份独立出来。从地域而言，荆楚大地一直是炎帝族的圣地，历代炎帝系皇族都埋在九嶷山附近。这也是三苗得以迁居此地的原因。

秦　国

伯益为秦国的祖先。《史记》记载："帝颛顼之苗裔孙曰女修。女修织，玄鸟陨卵，女修吞之，生子大业。"大业娶黄帝父系所属的少典氏族之女女华为妻，生子名叫繇，即皋陶。皋陶之子伯益，佐禹治水有功，舜命作虞，赐姓曰嬴。女修吞玄鸟卵的传说，则意味着与少昊族的联姻。因而少昊也是伯益的先祖。

赵　国

赵国的先祖可追溯到造父。赵姓出自嬴姓，形成于西周，祖先是伯益。造父为伯益的九世孙，是西周时著名的驾驭马车的能手。造父驾车日驰千里，使周穆王迅速返回了镐京，及时发兵打败了徐偃王，平定了叛乱。由于造父立了大功，周穆王

便把赵城赐给他，自此以后，造父族就称为赵氏。

周孝王传至周幽王时，因幽王无道，造父的七世孙赵叔带离周仕晋，从此赵氏子孙世代为晋大夫，掌握晋国大权。晋景公为了夺取赵氏家族控制的政权，默许三卿联合诛赵氏，灭其族。到战国初年，叔带的十二世孙赵敬侯联合魏武侯、韩哀侯三家分晋，建立赵国。至他的孙子赵籍时，正式获得了周烈王的承认，与韩、魏两家并列为诸侯。公元前222年，赵国为秦国所灭，赵国王室纷纷散落民间。

<h2 style="text-align:center">魏 国</h2>

魏国的先祖可追溯到毕万。毕万是周初重臣毕公高之后。毕公高是周文王的庶子。周初，周人吞并商之后，便封毕公高于毕国故地，其后裔以毕为氏。后毕国国灭，公族子弟流落各地，其中有一后裔名毕万，流落至晋国。

公元前661年冬，晋献公发动了一次开疆拓土的战争。晋献公出征的战车上，赵夙御戎，毕万为车右。此次出兵战果丰硕，一举歼灭了耿、霍、魏三个小诸侯国，凯旋而还。为了奖励英勇作战的赵夙与毕万，献公将耿封给了赵夙，将魏封给毕万做了采邑。从此，毕万之后称"魏氏"，在今后的晋国繁衍壮大起来。

<h2 style="text-align:center">韩 国</h2>

韩国的先祖可追溯到韩万。春秋末年，晋国大夫赵襄子、魏献子和韩宣子于公元前433年先行暗杀智伯，然后再将晋的

领地瓜分，成为三个诸侯国，即韩、魏、赵三国。西周成王的弟弟唐叔虞封于晋国。晋穆侯是西周诸侯国晋国的第九任统治者。史载晋穆侯之子曲沃桓叔生公子万，封于韩，立韩氏，故称韩万，是为韩武子。韩武子的三世孙名韩厥。按照周王朝的册封，自厥起，他和他的后代才是真正的韩姓了。

但"韩"的名称在《山海经》中最早可见于"寒荒国"。灵山十巫中的巫即是掌管食物的祭司，其后人包括以猪为图腾的蜀山氏。黄帝正妃嫘祖生了玄嚣、昌意二子。昌意娶蜀山氏女为妻，生了韩流，韩流有猪的形象。韩流娶了九黎某部族首领的女儿阿女，生帝颛顼。韩流掌管过"寒荒国"。

晋　国

晋国出自周成王弟唐叔虞。周成王是中国西周第二代国王，谥号成王。邑姜是姜太公吕尚的女儿，嫁给武王发，梦到上天说："余命女生子，名虞，余与之唐。"她生的儿子据此名叫"虞"。《史记》记载，周公诛灭唐后，周成王与叔虞玩游戏。成王把桐叶削成珪的样子交给叔虞，并对他说："我要用这个来封你作王。"史官尹佚因此让周成王选择日子立叔虞为王。成王说："我是开玩笑的。"尹佚说："天子没有戏言。说的话史书都有记载，并且举行仪式来实现，并用音乐来歌颂它。"周成王于是封其弟于唐，史称唐叔虞。唐叔虞之子晋侯燮父徙居晋水，因在晋水边，因此改国号为晋。自晋侯燮开始，唐叔虞的国就被称为晋国。

陈　国

陈国先祖可追溯到妫满。帝舜是帝颛顼的后代，娶帝尧二女娥皇、女英，女英生子商均。商均后代妫满娶周武王长女太姬，公元前 1045 年受封于陈，建都宛丘，让他奉守舜帝的宗祀，辖地大致为现在的河南东部和安徽一部分。

帝舜代表的其实是有虞氏的利益，该族以白虎为图腾，最早可追溯到为玉帝镇守御苑的昆仑开明白虎族。其后有虞氏与草原部落联姻，为西王母镇守瑶池，并衍生出林氏国。舜还姓妫，因此姚姓也出自妫姓。"为"在古文字中为"母猴"之形。妫氏以猴为图腾。

吴　国

吴国先祖可追溯到古公亶父。古公亶父在周人发展史上是一个上承后稷、公刘之伟业，下启文王武王之盛世的关键人物，他是中国上古周族领袖。周灭商朝后，认为"王气"始于姬亶父，故追尊为太王。

周太王生有长子泰伯，次子仲雍和小儿子季历。季历的儿子昌聪明早慧，深受太王宠爱。周太王想传位于昌，但根据当时传统应传位于长子，太王因此郁郁寡欢。太伯明白父亲的意思后，就和二弟仲雍借为父采药的机会一起逃到荒凉的江南，自创基业，建立了勾吴古国。商朝灭亡后，周朝建立，周武王封太伯第三世孙周章为侯，遂改国号为吴。春秋时期，吴国被越国所灭。

古代"虞"与"吴"通假。吴地最早居住的部族应该为有虞氏的后人。重黎的弟弟称为吴回。《山海经》中的水伯天吴指重。重为祝融后，其弟吴回接替他为水伯。但后来重黎为帝喾所杀，吴回又接替了祝融的位置。

越　国

越国先祖是夏代少康庶子无余。大禹周游天下，在越地登茅山，四方群臣朝见他。大禹分封有功之臣，赐爵有德之人，之后，大禹驾崩，葬在越地。夏后帝少康恐怕禹迹宗庙祭祀断绝，把其庶子封到于越，号称无余。贺循《会稽记》中说："少康，其少子号曰于越，越国之称始此。"

宋　国

宋国的始祖是微子启。微子启是商王帝乙的长子，纣王的庶兄。《吕氏春秋》称微子、微仲与纣王三人同母，但是其母在生微子和微仲时尚未成为妃，所以是庶子。

周武王伐纣，商朝灭亡。按照分封制的礼法，朝代虽然灭亡，胜利者仍然不能让以前的贵族宗祀灭绝，因此当武王分封诸侯时，仍然封纣王的儿子武庚于殷，以奉其宗祀。武王死后，武庚叛乱，被周公平叛杀死，另封纣王的庶兄，当年曾降周的微子启于商邱，国号宋，以奉商朝的宗祀，孔子《论语》"尧曰篇"曾记载此一原则叫做"兴灭国，继绝世"。

宋国实际上是殷商文化的一种延续，殷商的始祖是契。帝喾的帝位由尧帝继承。他的另一个儿子契成为尧帝旧臣，舜帝留用，位居三公之列，官居司徒，主管民政事务。尧继承帝位

后，因"十日之乱"，被金乌族联盟中的舜取得帝位。契因为保留了少昊的燕子图腾，就有了殷商先祖关于玄鸟的传说。

鲁　国

鲁国始祖是周公旦。武王伐纣，歧周代商。武王发封其弟周公旦于曲阜，是为鲁公。伐灭管蔡之乱，平定徐戎之叛后，鲁国得到"殷民六族"。而本来是王族的殷商之民，拥有较高的文化水平，同时也善于发展经济，加上鲁国地处东方海滨，盐铁等重要资源丰富，占有在经济、文化上的优势。

鲁国一直都是周室强藩，震慑并管理东方，充分发挥了宗邦的作用。此鲁国"奄有龟蒙，遂荒大东。至于海邦，淮夷来同"，其国力之强，使得诸夏国人和夷狄之民"莫我敢承"、"莫不率从"。这种情形一直延续到春秋，彼时曹、滕、薛、纪、杞、鄁、邓、邾、牟、葛等诸侯仍旧时常朝觐鲁国。

卫　国

卫国始祖是康叔。据《元和姓纂》及《通志·氏族略》等所载，周武王灭商后，赐同母弟封康邑，史称康叔封。周公旦又将原来商都周围地区和殷民七族封给康叔封，让康叔迁徙至殷商故都，建立卫国，定都朝歌。

郑　国

郑国始祖是郑桓公。周宣王封周厉王幼子友于郑，史称郑桓公。周幽王时期，郑桓公身为周王室的司徒，看出西周马上就要灭亡，于是在太史伯的建议下，将郑国财产、部族、宗族连同商人、百姓迁移到东虢国和郐之间，号称新郑。这是郑国历史上有名的大迁移。桓公三十六年（前 771 年），犬戎杀死周幽王和郑桓公，桓公之子武公即位，继位的郑武公攻灭郐和东虢国，建立了实际独立的郑国，定首都为新郑。

黄帝十二姓

黄帝族与其他部落联姻后，姬姓才是黄帝的嫡系，而其余儿子实际继承的是母系的图腾和传统。从这一点来说，从黄帝族衍生出来的一些姓氏，并不能代表黄帝族本身的势力。

关于黄帝的后代及姓氏有许多种说法。

在《山海经》中记载的黄帝子系如下：

黄帝正妻西陵氏雷祖，生昌意。昌意生韩流。韩流取淖子曰阿女，生帝颛顼。

黄帝生禺虢，禺虢生禺京。禺京处北海，禺虢处东海，都是海神。

黄帝生骆明，骆明生白马，白马是为鲧。

黄帝女魃在涿鹿之战中帮助黄帝战胜蚩尤，后迁居赤水。

黄帝有四妃，正妃为西陵氏，名嫘祖。"缧"是丝束的形状，变母系社会的特征为"嫘"。西陵氏也是北风族中善于编织的常族的后人。黄帝有三个次妃，为方雷氏女、彤鱼氏女、嫫母。《后汉书－东夷传序》记载，"夷有九种，曰畎夷、于夷、方夷、黄夷、白夷、赤夷、玄夷、风夷、阳夷。"方雷氏为东方方夷氏与雷泽氏联姻产生的后代。据说彤鱼氏为炎帝之

女，她教会黄帝族人用石板炒肉吃。方雷氏创造了梳子，教会了人们梳妆打扮。嫫母是西王母族的人，即西嫫族人，并非外貌丑陋。

传说黄帝有二十五子，分别为四母所生，黄帝把他们分成十二个胞族，赐给他们十二个姓，继承姬姓的只有青阳与苍林氏二人。黄帝的儿子入赘于其他部落，或者统领其他部落，都是为了政治联姻的需要。上古社会，姓是部落接受帝皇认可，进入上层统治者的标志。皇帝赐姓的情况很多，有原来使用但未得皇帝认可的，可以追认为官方的姓氏；有原来没有姓，由皇帝下令造字赐姓的，这些姓基本反映了原有部落的文化特征等面貌。

《青山彭氏敦睦谱·宗系》记载："黄帝生二十五子，依序为：娶西陵氏（嫘祖），生昌意、玄嚣、酉、祁、冯夷、滕等六子；娶方雷氏（女节），生龙苗、葳、荀、任、清、采等六子；娶彤鱼氏，生夷鼓、缙云、乔伯、姞、僖等五子；娶鬼方氏（嫫母），生苍林、青阳、儇、詹人、依、禺、累祖、白民等八子。一女曰女华。"

《国语·晋语四》记载，"黄帝之子二十五人，其同姓者二人而已。唯青阳与夷鼓皆为己姓。青阳，方雷氏之甥也。夷鼓，彤鱼氏之甥也。其同生而异姓者，四母之子别为十二姓。凡黄帝之子，二十五宗，其得姓者十四人为十二姓，姬、酉、祁、己、滕、箴、任、荀、僖、姞、儇、依是也。唯青阳与苍林氏同于黄帝，故皆为姬姓。"

黄帝二十五子十二姓考据表

人物	姓	母系	姓氏来源
昌意	不详	嫘祖	不详
玄嚣	己	嫘祖	十日族
酉	酉	嫘祖	十二月族
祁	祁	嫘祖	伊耆氏
冯夷	不详	嫘祖	不详
滕	滕	嫘祖	不详
龙苗	不详	方雷氏	不详
葴	箴	方雷氏	缝衣的工具
荀	荀	方雷氏	不详
禹阳	任	方雷氏	十日族
清	不详	方雷氏	不详
采	不详	方雷氏	不详
夷鼓	己	彤鱼氏	十日族
缙云	应为姜	彤鱼氏	炎帝族
乔伯	不详	彤鱼氏	不详
姞	姞	彤鱼氏	轩辕氏
僖	僖	彤鱼氏	巨人族
苍林	姬	鬼方氏	黄帝族
青阳	姬	鬼方氏	黄帝族
儇	儇	鬼方氏	纺织工具
詹人	不详	鬼方氏	不详
依	依	鬼方氏	不详
禺	不详	鬼方氏	不详
累祖	不详	鬼方氏	不详
白民	不详	鬼方氏	不详

　　下面分析黄帝二十五子十二姓的来源。

　　黄帝元妃西陵氏：生昌意、玄嚣（己姓）、酉（酉姓）、祁（祁姓）、冯夷、滕（滕姓）。

　　黄帝正妃嫘祖生了玄嚣，昌意二子。玄嚣之子为蹻极，之孙为五帝之一的帝喾。昌意娶蜀山氏女为妻，生了韩流。韩流又生了高阳氏，继承天下，就是帝颛顼。

　　玄嚣在黄帝家族中原本继承了青阳氏的称号，但入赘东夷后，改姓"己"，就把青阳氏的称号让给了黄帝与鬼方氏的另一个儿子。这位青阳延续的是黄帝的姬姓。玄嚣启用的这个"己"姓，实际出自于东夷"十日族"中的第六日。羲和族最初是十日族的父系，后来附属于该部族的则有十日中的第六日"己"姓与十二月中的"巳"姓。羲和族与昆仑山白虎木禾支联姻，生了流黄辛氏，这是十日族中的第八日。流黄辛氏的后人中有莘氏为"姒"姓，可看成"巳"姓的一个分支。刘师培《姒姓释》说，"姒"与"巳"同文，夏为姒姓即巳姓，"巳"与"蛇"古同字，且"巳"古读通"已"，这三个姓是相通的。

　　酉姓最早可追溯到"十二地支"中的鸡图腾。帝俊与常羲生了"十二月"后，这十二位后人掌管"十二地支"，分别统领十二个少数民族部落，并与之联姻，采用了十二个主要部落的动物图腾，并最终形成了十二生肖。

　　《广韵·有》记载："酉：姓。魏有酉牧。"魏国的始祖可追溯到毕万。毕万，乃周初重臣毕公高之后。毕公高是周文王的庶子。晋献公将魏封给毕万做了采邑。从此，毕万之后称"魏氏"，在今后的晋国繁衍壮大起来。春秋魏国，在今天山西芮城县北。

祁姓最早可追溯到炎帝族中一个古老的氏族伊耆氏，即伊祈氏。陶唐氏尧自小由其母系伊耆氏抚养长大。据《姓氏考略》所载，帝尧伊祁氏之后有祁姓。春秋时晋国大夫祁奚，晋悼公时任中军尉。祁奚食采于祁，以地为氏改姓祁。后世子孙于是尊祁奚为其得姓始祖。今日祁县位于山西省中部，隶属于山西省晋中市。

冯夷也称为冰夷，作为黄帝的儿子，掌管的是黄河。《海内北经》记载，从极渊有三百仞深，只有冰夷神常常住在这里。冰夷神长着人的面孔，乘着两条龙。冯夷作为黄河的水神，可能人赘于流黄辛氏部落，因而还以水族中的鳖为图腾。在《抱朴子·释鬼篇》里说他过河时淹死了，就被天帝任命为河伯管理河川。到大禹治水时期，也有冯夷把河图给大禹看，并和他一起治水，泛滥的洪水很快就得到了平息。冯夷从此就成为了中华的水神。这里的河伯就不是第一代河伯冯夷，而是其后人了。

黄帝的二十五子中有滕姓，这是滕姓的最早起源。周武王封自己的弟弟，亦即周文王第十四子错叔绣于滕地，建立了滕国，在今山东省滕州市西南。战国初期，滕国被越国所灭，但后来又恢复起来，不久又灭于宋国，原滕国王族遂以国名命姓，成为滕姓。滕之地名最早应起源于黄帝之子的封地。

黄帝妃子方雷氏生子：龙苗、葳（或箴，箴姓）、荀（荀姓）、任（任姓）、清、采。

龙苗即苗龙，其后人人赘于戎人部落。《大荒北经》记载，

有一种人名叫犬戎。黄帝生了苗龙，苗龙生了融吾，融吾生了弄明，弄明生了白犬，这白犬有一公一母而自相配偶，便生成犬戎族人，吃肉类食物。有一种红颜色的野兽，形状像普通的马却没有脑袋，名叫戎宣王尸。犬戎国也有黄帝的血统。高辛氏帝喾为帝时，犬戎首领戎宣王因叛乱被盘瓠氏所杀。帝喾将女儿嫁给盘瓠，因为担心其不服管教，让其带领部分犬戎成员迁居到海中小岛上，建立了犬封国。

蔵同箴，箴姓在现在几乎看不见记录，但箴姓还是存在的，并演化为"针"姓。《说文解字》中解释箴为缝衣的工具。箴也指规戒性的韵文，铭在古代常刻在器物上或碑石上，兼用于规戒、褒赞。箴字有"咸"之形，最早用来纺织衣服的大概是石呶。在十天干中有"壬"，象形兼指事，像一个人挑担子。太昊伏羲氏迁居东夷为地，卫卿针庄子以封地为姓针。卫国是周王朝的同姓诸侯国之一，始祖是康叔。卫国地域大致在黄河北岸，太行山脉东麓的今河南省鹤壁、新乡附近。

黄帝时，有个大臣叫荀始，是开发制麻、麻织工艺的发明者和创始者。在荀始的后裔子孙中，有以先祖名字命氏者，称荀氏。但黄帝之赐姓既然为荀姓的开始，则荀始可能出自黄帝的子系。《水经注》中说："汾水又西与古水合，水出临汾县故城西黄阜下，其大若轮，西南流，故沟横出焉。东注于汾，今无水。又西南迳魏正平郡北，又西迳荀城东，古荀国也。"《一统志》记载荀城在绛州西十五里。新绛县古称绛州，位于山西省西南部，春秋时曾为晋都，战国时属魏。

西周初期，周文王将自己的第十七子郇侯分封于郇国。春秋时被晋武公所灭，其后代子孙遂以国名"郇"为氏，后去邑旁加草头为荀姓。荀氏后人也尊郇侯为荀姓的得姓始祖，位置在今山西省临猗县之故郇城。古荀国和古郇国不是一个地方，可能是荀国搬迁到了郇国的位置所致。

黄帝的儿子禹阳封的是任姓。禹阳也可能为禺阳。《唐书宰相世系表》上说："黄帝少子禹阳，受封于任，以国为氏"。任姓的起源，更早见记载于炎帝之母任姒。在十天干中有"壬"，象形兼指事，像一个人挑担子。太昊伏羲氏迁居东夷为共主时，先与女和族联姻生羲和族，羲和族又与东风帝俊联姻生了十日族。因而任姓应起源于东夷的十日族，即"壬"字。从这一点来说，任姓是起源于太昊伏羲氏的。《通志氏族略》说："任，为风姓之国，实太昊之后，今济州任城即其地"。任城区历史悠久，据传是古代东夷族部落的住地，为我国最早风姓古国之一，远在三皇五帝时，系唐虞氏故国，有仍氏繁衍生息之地。夏商为仍国，周为任国、邿国。春秋时期楚国人任不齐，为孔子七十二贤弟子之一，被唐朝皇帝追封为任城伯，宋朝天子加封为当阳侯。

《大荒北经》记载，有个儋耳国，这里的人姓任，是神人禺号的子孙后代，吃谷米。在北海的岛屿上，有一个神人，长着人的面孔鸟的身子，耳朵上穿挂着两条蛇。禺号是帝喾的儿子，儋耳国是帝喾与某少数部落联姻所生。儋耳国人后代中有无继国，也是任姓，其后无继国生了无肠国。

黄帝之子清最早的封地应在少昊之后所在的"清国"。《路史》、《国名纪》记载："最早出于上古，源自少昊氏，少昊之

后封于清，建立清国，子孙以国为氏，乃成清姓。"

黄帝之子采的封地与兄弟夷鼓在一起。在史籍《姓考》中有记载："黄帝子夷鼓始封于采，为左人，有采氏。"而史书上所称的"左人"，就是擅长巫蛊卜术之人。中国古代，以巫蛊之术为左道，后凡占卜相命之术亦统名为"左"，因称擅此术者为"左人"。

黄帝妃子彤鱼氏生子：夷鼓（己姓）、缙云、乔伯、姞（姞姓）、僖（僖姓）。

夷鼓与最初的青阳氏玄嚣后来都为己姓，这意味着两者都入赘了东夷羲和族。这种兄弟同时入赘于其他部落的情况，在上古时并不少见。

缙云是黄帝时的一种官名。《集解》中说："黄帝受命，有云瑞，故以云纪事也。春官为青云，夏官为缙云，秋官为白云，冬官为黑云，中官为黄云。"黄帝以云名官，分别管理一年四季之事，其中夏官的官名就叫做缙云氏。

《集解》中说："缙云氏，姜姓也，炎帝之苗裔。"缙云氏最早应该是炎帝族的苗裔成员。饕餮缙云氏最早见于《左传》文公十八年，谓："缙云氏有不才子，贪于饮食，冒于货贿，侵欲崇侈，聚敛积实，不恤穷匮，天下之民以比三凶，谓之饕餮。"饕餮的父亲为缙云氏首领，在黄帝时期为官，其极有可能是蚩尤的兄弟。今缙云县隶属浙江省丽水市。

黄帝儿子乔伯掌管的应该是有娇氏部落。有娇氏即有蟜氏，是炎帝与黄帝的双重母系。

晋代皇甫谧《帝王世纪》较详细地记述了炎帝的诞生神

话："炎帝，神农氏，姜姓也。母曰任姒，有娇氏之女，名女登，为少典妃。游于华阳，有神龙，首感女登于常羊，生炎帝。"少典氏先与朝云国联姻，生了轩辕氏。轩辕氏附属于少典氏，为同族。在轩辕氏从朝云国衍生出来几百年后，即距今五千多年前，轩辕氏再与北风族后人中的有蟜氏联姻，生了黄帝。黄帝母亲为有蟜氏附宝，"蟜"指蜜蜂，有蟜氏图腾为蜜蜂和蛾子，是居于西北部的女常族的一员，善于编织、采蜜以及种植等。

乔姓出自姬姓，为桥姓所改，是一个以山命名的姓氏。但乔姓最早可追溯到乔伯。据《元和姓纂》及《万姓统谱》所载，相传中原各族的共同祖先黄帝死后葬于桥山，子孙中有留在桥山守陵看山的，于是这些人就以山为姓，称为桥氏。至于桥氏改为乔氏，是在南北朝时的魏。据桑君编纂的《新百家姓》记载，东汉时有太尉桥玄的六世孙桥勤在北魏任平原内史，北魏末年魏孝武帝不堪忍受宰相高欢的专权和压迫逃了出来，桥勤随孝武帝一起投奔到宇文泰建立的西魏。一天，宇文泰心血来潮，叫桥勤去掉桥的木字边，变成乔，取"乔"的高远之意。桥勤不敢不从，从此改桥为乔，世代相传下去。这就是陕西乔姓的由来。

《山海经》中记载帝喾的后人中有奚仲，是大禹时的"车正"，他与轩辕氏后人联姻，生了吉光。吉光的后人当以"姞"或"吉"为姓。《说文解字》中说后稷的妃子也是姞姓，可见在帝喾时期就有姞姓的存在。吉光的名称应来源于轩辕氏的"辕"字，因而善于造车。从这一点来说，与黄帝联姻所生的

姑姓应来自轩辕氏内部的一个部落。传说中有"古帝吉夷氏"，而夏初教羿学射的吉甫，则可能是"吉夷氏"的后裔。

据《唐书·宰相世系表》所载，伯儵，受封于南燕国，赐姓姞。后来他的子孙省去女旁，遂成吉氏，世代相传姓吉。

僖姓也同漆姓，或者厘姓，是黄帝族与巨人族联姻所生的部族。大禹为帝后，防风国国王迟到而被大禹所杀。袁珂《山海经校注》说："汪芒氏即汪罔氏，漆姓即僖姓也。则大人者，防风之后，亦黄帝之裔也。"《说苑·辨物》中记载孔子所言，"汪芒氏之君守封嵎之山者也，其神为厘姓，在虞夏为防风氏，商为汪芒氏，于周为长狄氏，今谓之大人。"防风氏即汪芒氏，具有雷泽氏的巨人血统，后来成为"长狄"的一支。

黄帝妃子鬼方氏（嫫母）生子：苍林（姬姓）、青阳（姬姓）、儇（儇姓）、詹人、依（依姓）、禺、累祖、白民。

黄帝与草原部落上的鬼方氏生了苍林，保留了姬姓。苍林又与草原上的狄人联姻，生了始均，建立了北狄国。《大荒西经》中说，有个北狄国。黄帝的孙子叫始均，始均的后代子孙，就是北狄国人。在玄嚣入赘东夷成为少昊之后，他的"青阳氏"的称号就让给了黄帝的另一个儿子，即鬼方氏之子青阳，他保留了姬姓。

黄帝儿子儇统领的应该是某个以纺织业为主的部落。《路史》记载："黄帝之宗有儇國。"儇姓在而今十分少见，其来源应是"睘"，古代也同"还"。战国时期，在宋、魏、陈、楚等江淮一带的诸侯国里，"还"是"缳"的通假字，又称为"楦"，是一种纺织工具，专门用来槌击丝、麻、蒲草、树皮等纤维物体，使其至软并纤维分离，用以纺纱。实际上就是手工纺织工序中将浸泡的含纤维原料进行槌击的木槌。做此工序的匠人称"缳工"、"还工"，其后裔子孙中有以先祖职业为姓氏者，称还氏、缳氏、楦氏。

黄帝的儿子詹人掌管的可能是占卜之官。"詹"在古代一定程度上是通"占"的。河南省偃师市《姬氏志》介绍："詹姓，系出河开郡，有熊氏，黄帝之子詹人，封詹国。"周宣王时，封其支子于詹，建立詹国，为侯爵，史称詹文侯，其后世袭为周大夫。文侯在幽王时任少师，见幽王宠爱褒姒，玩物丧志，遂辞职返回自己的封地。后来幽王烽火戏诸侯，导致亡国之祸，自己也命丧黄泉。而詹文侯虽然是幽王的庶兄，却明哲保身，毫发无损，其子孙也得以逃过一劫。因詹文侯首封于詹，故后世子孙尊其为詹姓得姓始祖。

黄帝的依姓子系统领的绰人部落，也就是毛民国。《大荒北经》记载，有个毛民国，这里的人姓依，吃黄米，能驯化驱使四种野兽。大禹生了均国，均国生了役采，役采生了修[illegible]，修鞐杀了绰人。大禹哀念绰人被杀，暗地里帮绰人的子孙后代建成国家，就是这个毛民国。毛民国应是黄帝族依姓一支与东北游牧族联姻产生的部落，但因地处偏僻，其文化主要以游牧族为主。"毛民"不是全身长毛，而是穿皮衣的时候把毛面向外翻的缘故。大禹同情绰人的原因，是因为毕竟两者都有黄帝族的血统。

黄帝的儿子禺应为禺猇。《大荒东经》记载："黄帝生禺猇，禺猇生禺京。禺京处北海，禺猇处东海，都是海神。"禺

严格来说没有成为一个姓，而是海神家族的封号。黄帝族与海神联姻，有禺虢、禺京一族，分管东海与北海。帝喾的后人禺号接替禺虢掌管了东海。禺号有子禺强，接替禺京掌管北海。

黄帝的儿子累祖接替的应该是黄帝正妃西陵氏所在部落的领导权。

黄帝之子白民统领的是东北部某草原部落。《海外西经》记载，白民国在龙鱼所在地的北面，那里的人都是白皮肤，披散着头发。有一种叫做乘黄的野兽，形状像一般的狐狸，脊背上有角，人要是骑上它就能活两千年。肃慎国在白民国的北面。《大荒东经》记载，有白民之国。帝俊生帝鸿，帝鸿生白民，白民销姓，以黍为食，驯化四种野兽：虎、豹、熊、罴。帝鸿指帝喾的儿子帝挚，在位九年，后被剥夺帝位。这位销姓的白民取代了原来黄帝族子系的领导地位。

白民是东北部貊人的一个分支。《山海经》记载有貊国，靠近燕，后为燕国所灭。先秦时期北方民族貊字古多作"貉"，往往与"胡"连称"胡貊"，泛指貊和北方民族，《周礼》有"九貉"，可见其族类之多。西周时，貊为北国之一，貊人的一支和秽人汇合而成秽貊族。秽貊是中国东北的古老民族，又称貉、貉貊或藏貊，古文献称之为"白民"、"毫人"或"发人"。

黄帝生有一女"女华"。女华应为少典氏中"华"族部落历代首领的名称。

黄帝族的另一个女儿魃，应该是与草原上的鬼方氏联姻所生。女魃掌握着使天变晴的自然力量，刚好可以克制风伯雨师。女魃止住了雨，并和应龙以及黄帝族中的其他部落对蚩尤族发

动了大反攻。蚩尤族抵抗不住，被击败，蚩尤本人也被应龙杀死。古时有种说法，认为旱魃是天将大旱的征兆，因此就有焚烧旱魃祀雨的求雨祭典。

黄帝二十五子之中，有姓十二。玄嚣与夷鼓一起入赘于东夷，得"己"姓。苍林和青阳延续的是黄帝的姬姓。昌意入赘的是蜀山氏，生了韩流。如果他随女方姓，当为"常"姓。冯夷入赘的是流黄辛氏，他应该为"辛"姓。龙苗可能入赘于苗蛮部落，可能为"姜"姓。缙云入赘于炎帝的苗裔，也是"姜"姓。乔伯入赘于有娇氏，可能为"任"姓或"常"姓。詹人可能为"儋耳"族统领，随"任"姓。禺是海神的称号，为有虞氏部落首领，当为"虞"姓或"吴"姓。累祖同为西陵氏成员，当为"常"姓。白民为游牧部落成员，随戎狄的姓氏。

姓氏与联姻

从伏羲到大禹建立夏朝为止，是母系社会过渡到父系社会的漫长时期。以今日父系社会的眼光看来不可思议的事情，在当时却是非常自然的。以今日结婚的两人来说明，他们结婚时可能会考虑的问题是：婚后随女方居住，还是随男方居住，或者两者组合成新的独立家庭？孩子随女方姓，还是随男方姓，或者采用其他姓氏？

这涉及父系社会和母系社会的本质问题。在当今社会，男女双方组成独立家庭的情况较多，整体而言婚后还是随男方居住，而孩子则一般随男方的姓。至于随女方的姓，一般是男方入赘的情形。而启用其他的姓氏，创造一个新姓氏的情况不多，现在可能采用父亲、母亲的双方姓氏作为类似复姓的排列。另外一种情况是，因父母或更早的长辈中出现某支没有香火延续的情况，在所生的孩子较多的情况下，可能会让孩子改姓某个长辈的姓氏，而这个姓氏可能是与父母都没有关联的。

在上古社会，情形则基本相反。父系因战争的需要而展现自己的雄性优势，进而在部落中占据一定的地位，但母系的传统还是非常牢固的。如同现代女儿出嫁的传统一样，当时以儿子入赘于其他部落的情况更为普遍。男方随女方居住，而孩子一般随母系的姓氏，即使启用了新姓氏，也基本反映了母系的传统，如炎帝之"姜"姓、黄帝之"姬"姓、大禹之"姒"姓。

母系传统与禅让制、部落长老联盟制是密不可分的。禅让制指在位君主生前便将统治权让给他人。形式上，禅让是在位君主自愿进行的，通过选举继承人让更贤能的人统治国家。通常禅让是将权力让给异姓，这会导致朝代更替，称为"外禅"；而让给自己的同姓血亲，则被称为"内禅"，让位者通常称"太上皇"，不导致朝代更替。

禅让制的本质是部落长老联盟制。氏族组成大的部落，部落组成部族，部族又组成更大的部族联盟。各部落有自己的长老，这些长老进而又推荐出进入大部族联盟领导层的人选。显然大部族拥有更多的席位，在决定大部族首领或者其他事务时，拥有更多的发言权。各部族推举出适合作为首领的候选人，并最终从中选择出符合整个长老联盟的大首领。大首领的大臣，主要由各部族的首领组成。这样可以鼓励其积极参与部族事务，为整个部族服务，并为未来的禅让产生合适的继承人。在适当的时机，长老联盟再次通过选举来实现首领权力的更替。

禅让制或者部落长老联盟制之所以会随着文明的发展而分崩离析，与母系社会传统的衰落是同步的。在部落联盟制度下，各部族既要考虑共同发展又要相互制约。部族之间赖以生存的自然条件不同，由此导致的文明程度也不同。部落长老联盟要充分考虑到这种差距，并进行适当的弥补。在这种情况下，高端部族有向低端部族传播文明，使其改进生活方式，增强实力的义务。在整个部族联盟中，不可避免地存在一个最为强力的部族。这个部族中出现大首领的概率显然要大于其他部族。

一旦担任了部族联盟的大首领，他给自己的部族带来的好处是显而易见的。如果这种权力历代积累下去，让其他部族完全处于弱势地位，进而出现"家天下"的君主世袭制，也就导致了国家的出现。因而父系与母系抗争的过程，也就是强力部族与整个部落长老联盟制、禅让制、整个母系传统抗争的过程。部落长老联盟为了避免出现这种情况，实行的是联姻的策略。实行禅让制的首领之间是有血缘的延续性的。

禅让制的可操作性，一是在于男性大首领本身与其他部族首领进行联姻时，所生的儿子往往随母居住于其所在部族。大首领所在部族的部分成员会为联姻的其他部落带去更为先进的技术与文明，协助其子对其他部族的领导。二是大首领往往把最优秀的儿子入赘于其他部族。这位儿子进而统领其他部族，其血统与之融合，他的姓氏随女方，代表女方的利益。在与其父系部族的利益发生冲突时，他同样毫不留情。而禅让制的首位候选人，就是入赘于其他部族的最为优秀者，这样既保证了血统的延续，又保证了权力的分享，最为重要的是，血统的力量在权力交替过程中，最终把整个部族串联在了一起。三是在禅让制的延续过程中，如果大首领的外籍子系没有合适的候选者，则尽可能挑选与其血缘相近者。

从男性大首领的角度而言，能保留他自己姓氏的嫡系子孙其实是比较少的。如果他做到能让自己的诸多儿子都保留自己的姓氏，进而分封到各部族的领地，无疑就完成了对部族长老联盟、对母系传统的对抗，实现了"家天下"的分封制度，君主世袭的国家制就呼之欲出了。国家的出现，实际上是强力部族最终征服其他部族，独享权力的过程，但这种形式显然也是有弊端的。国家的封闭性把原来频繁的部族交流屏蔽在外，部族间文明的差距会拉大，即使用女性和亲，也是迫不得已之举，其他部族最终也会形成国家模式。国家与国家之间，也就从部族间可以通过长老联盟调解的冲突，发展为更为惨烈的"国战"。国家与国家之间的战争与融合，是在无奈中进行的。

大禹建立夏朝后，华夏族与其他部族的交流实际上急剧减少了。之前的部族间其实有着频繁的交流。禅让制向君主世袭制发展的过程，也是姓氏快速繁衍的进程。姓氏指姓和氏，二者本有分别，姓起于女系，氏起于男系。由于人口不断增长，一个母系氏族繁衍为若干个女儿氏族和孙女儿氏族，这些新的近亲氏族仍然保持原来的血缘关系不变。随着近亲婚配的限制日益扩大，氏族之间也不再准许通婚。于是各个氏族就必须启用新的氏名，但还是团聚于一个共同的姓之下。这样一个姓可以代表一个部落，而在同一部落内的各个氏族，又各有新的标志，这就是氏。秦汉以后，姓、氏合一，通称姓，或兼称姓氏。

姓在上古社会是非常稀缺的。谁掌握了文字就掌握了文明传播的魔力，而姓是最神圣的文字。拥有姓的部族可以在迁徙过程中传播自己的姓，与之联姻的部族也会感到莫大的光荣。而氏的名称只能在一个小范围内传播，并且难以逾越氏族统治的地域。姓都是由帝皇加封的，有时创造了具有母系传统的新的姓，有时是升格原来的氏为姓。自从单一的图腾不能区分部族特征后，赐封的姓也就成为了处于文明黑暗中的部族所追求的至高目标。这种姓的分封制度控制得非常严格，直到黄帝时期，才局部开放了这种注册制度。这种联姻加赐姓的方式为黄帝族获得了更多的部族支持，并最终赢得了对代表保守势力的炎帝族的战争。但其导致的另一个结果则是更纷乱的社会与国家的出现。

从昆仑圣地上走向草原的弁兹氏，与走向山林的燧人氏最终完成了中华民族史上的第一次大结盟。燧人氏的"风"姓与弁兹氏的"允"姓是最早的姓氏。统一的共主在昆仑圣地上被树立起来。随着时间的推移，西王母族在草原上取代了原有弁兹氏的地位，而戎人和狄人则向草原的更深处迁徙而去。燧人氏的后人演变成风之五部，占据了中华大地的东北部、西北部、南部、东部与中部。中风的实力并不强劲，但却是中华文明发展的主体。史前大洪水摧毁了大部分部落，在一定程度上阻碍了文明的发展，但却促成了中华大地的第二次大结盟。中风的

伏羲氏迁居东风成为新共主，并最终把帝位传给了东风之后帝俊族。

在这漫长的历史中，严格来说，中华大地上的姓是唯一的，"风"姓是当之无愧的帝皇之姓，为各风族所拥有。伏羲、女娲、早期的帝俊，都是以风为姓的。但各个风姓部族中，也发展出了自己的氏族。开明白虎族之后有虞氏、林氏国、流黄辛氏，东风帝俊之后十日族与十二月族，北风之后女常与女和族，中风之柏皇氏、华氏，都是强力氏族的代表。

其后中风的神农氏崛起，并以火神之位开创了原始的农耕时代，取代帝俊族成为新的共主，即炎帝一族。风之五部的长老联盟认可了炎帝族创立的另一个姓，即"姜"姓。通过部落长老联盟制使其他的部族也分享了姜姓，其中除了炎帝本身的嫡系祝融氏、共工氏、后土氏外，炎帝族最依赖的无疑是苗蛮的力量，也就是蚩尤统领的部落。烈山氏又叫厉山氏，其首领为烈山或柱。魁傀氏，身长八尺有七寸，生而牛首人身。从这个形象可以看出，魁傀氏可能是炎帝族与后代草原上鬼族一支联姻的后代。魁傀传说为熊国君少典长子，又名石年，姜姓。伊耆氏也为神农氏的一支。后来的尧帝也是伊耆的后人，他自小寄于伊长孺家，从母所居，故姓伊耆。这些都是炎帝族的联姻部族。

同是中风的黄帝族依靠更先进的水利农耕技术，使华胥族更加独立出来。改革的力量最终战胜了保守的力量。黄帝族获得的是"姬"姓。黄帝二十五子之中，有姓十二。黄帝开放了姓的注册制度，为其他部族赐封了姓，赢得了坚定的同盟，同时也为黄帝族血统的延续打下了基础。黄帝为帝到大禹建立夏朝这段时期，部族之问的联姻进入了一个前所未有的高峰，更多的部族获得了姓氏，掌握了原本稀缺的知识。帝喾继位后，与之联姻的部落获得姓氏的也非常多。但黄帝族本身则依靠血统联系在一起，并最终促进了国家统一的形成。

《海外东经》记载，有个毛民国，这里的人姓依，吃黄米，能驯化驱使四种野兽。毛民国应是黄帝族依姓一支与东北游牧族联姻产生的部落，但因地处偏僻，其文化主要以游牧族为主。

《大荒北经》记载，有一种人长着一只眼睛，这只眼睛正长在脸面的中间。一种说法认为他们姓威，是少昊的子孙后代，吃黄米。少昊坐镇西方后，与草原上的鬼氏联姻生了威姓。《大荒东经》记载，有个国家叫因民国，那里的人姓勾，以黄米为食物。有个人叫王亥，他用两手抓着一只鸟，正在吃鸟的头。少昊与南风部族联姻，又生了句芒，在东夷族中掌管羲和族。他死后成为木神，主管树木的发芽生长。句姓同勾姓，句龙创立的国家就是"因民国"，或"困民之国"。

《大荒北经》记载，有个北齐国，这里的人姓姜，能驯化驱使老虎、豹子、熊和罴。北齐国也是炎帝族的后裔。有个胡不与国，这里的人姓烈，吃黄米。胡不与国可能为烈山氏与草原民族联姻所生。

《海内经》记载，伯夷父生了西岳，西岳生了先龙，先龙的后代子孙便是氐羌，氐羌人姓乞。伯夷父即伯夷，父为一种尊称。他为姜姓，是炎帝神农氏之裔共工的侄孙，也就是共工兄弟的孙子。而伯夷父也是帝颛顼的老师。

　　《大荒北经》记载，有一种人名叫大人。有个大人国，这里的人姓厘，吃黄米。有一种大青蛇，黄色的脑袋，能吞食大鹿。厘姓通僖姓、漆姓。僖姓也是黄帝赐封的十二子姓之一。大人国是黄帝族与巨人部族联姻所生的部族，也就是防风国。《大荒北经》记载，颛顼生了驩头，驩头生了苗民，苗民人姓厘，吃的是肉类食物。还有一座山名叫章山。《大荒南经》记载，有个国家叫伯服国，颛顼的后代组成伯服国，这里的人吃黄米饭。有个鼬姓国。鼬姓国可能是伯服国与周边的以黄鼠狼为图腾的部落联姻所生。

　　《海外北经》记载，有个西周国，这里的人姓姬，吃谷米。有个人正在耕田，名叫叔均。帝俊生了后稷，后稷把各种谷物的种子从天上带到下界。尧帝执政时期，追认帝喾的元妃姜嫄婚前的私生子后稷为姬姓。

　　《海外西经》记载，有个国家叫白民国。帝俊生了帝鸿，帝鸿的后代是白民，白民国的人姓销。以黄米为食物，能驯化驱使四种野兽：老虎、豹子、熊、罴。白民的首领最早是黄帝的二十五子之一，帝喾与之联姻封了销姓。

　　《海外东经》记载，有个国家叫黑齿国。帝俊的后代是黑齿，姓姜，那里的人吃黄米饭，能驯化驱使四种野兽。姜姓表明了黑齿国的炎帝族血统。

　　《大荒北经》记载，有个儋耳同，这里的人姓任，是神人禺号的子孙后代，吃谷米。禺号是帝喾的儿子。

　　《大荒北经》记载，有一种人称作无继民，无继民姓任，是无骨民的子孙后代，吃的是空气和鱼类。无继民、无骨民都是任姓的后人。

《大荒南经》记载，三身国的人姓姚，吃黄米饭，能驯化驱使四种野兽。这里有一个四方形的渊。姚姓是帝舜所创，三身国是帝舜的后代。

《大荒南经》记载，有个国家叫载民国。帝舜生了无淫，无淫被贬在载这个地方居住，他的子孙后代就是所谓的巫载民。巫载民姓盼，吃五谷粮食，不从事纺织，自然有衣服穿；不从事耕种，自然有粮食吃。《大荒北经》记载，有一群人正在吃鱼，名叫深目民国，这里的人姓盼，吃鱼类。这些都是有虞氏帝舜的后代。

《大荒南经》记载，有个国家叫盈民国，这里的人姓於，吃黄米饭。又有人正在吃树叶。根据《世本》记载，黄帝的臣子中有於则，开始发明和制作鞋子。於则最初封于内乡，所在地在现在的河南省境内。而根据《世本》的记载，这个家族的子孙主要繁衍于广陵。於氏后人尊於则为於姓的得姓始祖。但《山海经》中则有早有"嬴民国"，可能即"盈民国"，从字形"嬴"可看出为女和月母国后人。女和月母国与司彘国联姻，产生了嬴民国。嬴民国后与少昊族联姻，获得了玄鸟图腾。

《大荒南经》记载，有个国家叫不死国，这里的人姓阿，吃的是不死树。一直为昆仑山天帝家族掌管不死药的是巫氏，后来衍生出不死民，阿姓，以甘木为食物。颛顼的后代与不死民联姻，生了三面人。这应是包括三个部族的联盟。

《大荒南经》记载，有座山叫做蜮山，在这里有个蜮民国，这里的人姓桑，吃黄米饭，也把射死的蜮吃掉。有人正在拉弓

射黄蛇，名叫蜮人。据《姓谱》、《万姓统谱》记载："出自少昊的穷桑氏，子孙以桑为氏。"也就是说桑姓出自穷桑氏，是少昊的后代。另据《姓氏考略》所载，神农氏娶了桑氏作为自己的妻子，他们的后代于是有以桑为氏者，称做桑氏。按这个记载，在少昊入赘东夷之前，东夷部落中就有了桑氏。

《大荒南经》记载，有一个由三尺高的小人组成的国家，名叫焦侥国，那里的人姓幾，吃的是优良谷米。"焦侥"、"周饶"都是从"侏儒"的发音变化而来，侏儒就是身材短小的人，则焦侥国即周饶国，就是人们所说的"小人国"。"幾"是"几"的繁体字，在古汉语中，"几"就有"微"、"殆"之意，称焦侥国人为几姓，即是说其人身材微小。

在周朝术期，特别是春秋战国时期，周朝帝皇彻底丧失了对赐姓的控制，各个诸侯王可以随心所欲地赐封自己的儿子或大臣以新的姓，姓也不再成为一种神圣的象征，姓的来源呈现多样化。总的来说，姓的来源有如下几种：

在母系氏族社会，以母亲为姓。上古时代许多姓都是女字旁，如：姬、姜、妫、姒、姚等。

以出生地、居住地为姓。传说上古时代虞舜出于姚墟，便以姚为姓。春秋时代齐国公族大夫分别住在东郭、南郭、西郭、北郭，便以东郭、南郭等为姓。郑大夫住在西门，便以西门为姓。这类姓氏中，复姓较多，一般都带邱、门、乡、间、里、野、官等字，表示不同环境的居住地点。

以古国名为姓。虞、夏、商朝都有个汪芒国，汪芒的后代乃姓汪；商朝有个在泾渭之间的阮国，其后代便姓阮。

以封地为姓。造父被周武王封到赵城，他的后代便姓赵；周昭王的庶子被封于翁地，因而姓翁；周公旦的儿子被封到邢国为邢侯，他的后代便姓邢。

以官职为姓。古代有五官，即：司徒、司马、司空、司士、司寇，他们的后代都以这些官职为姓。

天子赐氏，以谥号为姓。如周穆王死了一个宠姬，为了表示哀痛，赐她的后代姓痛；周惠王死后追为惠王，他的后代便姓惠。

以祖辈的字为姓。如郑国公子偃，字子游，其孙便姓游；鲁孝公的儿子，字子臧，其后代便姓臧。

因神话中的传说为姓。传说舜时有个纳言是天上龙的后代，其子孙便以龙为姓；传说神仙中有个青鸟公，后人便也有姓青鸟的。

因避讳或某种原因改姓。比如战国时代田齐襄王法章的后代本姓田，齐国被秦灭了，其子孙不敢姓田而改姓法。汉明帝讳"庄"字，凡姓庄的都改姓"严"。明代燕王朱棣以讨伐黄子澄等为名起兵攻破南京，推翻建文帝并当了皇帝，当时号"靖难"，而太监马三保因"靖难"有功而被赐姓为"郑"，后他改名为郑和。

随着历史的发展，民族的复杂化，有些姓则是民族语言的音译。如匈奴首领单于的子孙就有不少姓单于。

以国名为姓。如我们所熟悉的春秋战国时期的诸侯国：齐、鲁、晋、宋、郑、吴、越、秦、楚、卫、韩、赵、魏、燕、陈、蔡、曹、胡、许等，皆成为今天的常见姓。

以邑名为姓。邑即采邑，是帝王及各诸侯国国君分予同姓或异性卿大夫的封地。如周武王时封司寇岔生采邑于苏，岔生后代便姓苏。

以乡、亭之名为姓。今日常见姓有裴、陆、阎、郝、欧阳等。

以先人的字或名为姓。如周平王的庶子字林开，其后代以林姓传世。宋戴公之子充石，字皇父，其孙以祖父字为姓，汉代时改皇父为皇甫。

以次第为姓。一家一族，按兄弟顺序排行取姓，如老大曰伯或孟，老二曰仲，老三曰叔，老四曰季等。

以技艺为姓。如巫、卜、陶、匠、屠等。

古代少数民族融合到汉族中带来的姓。如完颜、耶律等。

帝皇执政时间考

从黄帝到大禹建立夏朝为止，究竟历经多少年，每位帝皇执政时间又有多长，实难考据。现有的资料主要是从战国时魏国史官所作《竹书纪年》、西汉司马迁《史记·五帝本纪》、东汉皇甫谧《帝王世纪》、宋代罗泌《路史》这四部书中而来。

《竹书纪年》相传为战国时魏国史官所作，记载自夏商周至战国时期的历史，据《晋书·卷五十一》可知原书有十三篇。《竹书纪年》是编年体史书，与传统正史记载多有不同，对研究先秦史有很高的史料价值。《竹书纪年》又与近年长沙马王堆汉初古墓所出古书近似，而《竹书纪年》的诸多记载也同甲骨文、青铜铭文相类，可见其史料价值。

　　《五帝本纪》篇是司马迁对我国夏代以前先民历史的概述。人们把人类有确切文字记载以前的历史称为"史前史"。我国史学家则把没有确切文字记载，而由口耳传说构成的历史，称为"中国古史的传说时代"，《五帝本纪》记述的就是这个时期的历史。

　　《帝王世纪》之前的所有历史著作都没有对三皇五帝的世系作过系统研究和排列，司马迁《史记》也只将黄帝作为上古历史的开端，皇甫谧第一次对黄帝以前帝王世系进行了研究，排出了三皇时期的帝王世系，其次序是：太昊帝庖牺氏，亦称伏羲氏、黄熊氏。凡女娲氏、大庭氏、柏皇氏、中央氏、栗陆氏、骊连氏、赫胥氏、尊卢氏、浑混氏、吴英氏、有巢氏、朱襄氏、葛天氏、阴康氏、无怀氏十五世，皆袭庖牺制度，故虽为皇而不自为一代；炎帝神农氏，一号魁隗氏、连山氏、列山氏，凡帝承、临、明、直、来、衰至榆罔，也有八世；黄帝有熊氏，亦号帝鸿氏、归藏氏、轩辕氏。

　　南宋孝宗时代，学者罗泌著《路史》一书，采用道家等遗书的说法，再上溯高推旧史所称"三皇五帝"以上的往事，文章华丽而亦富于考证，言之成理，书名意思是说这是中国历史文化的"大史"之意。从他的著作宗旨来看，深惜孔子"删书"断自唐尧，忽略远古史的传统。此书详述了有关上古时期的历史、地理、风俗、氏族等方面的史事和传说，虽然资料丰富，但取材芜杂，很多材料来自纬书和道藏，神话色彩强烈，故向来不为历史学家所采用。但是此书在中国姓氏源流方面的见解较为精辟，常被后世研究姓氏学的学者所引用。

以下是根据上述史料记载整理出的自黄帝到夏朝建立为止，各位上古帝皇的在位时间。

黄帝登位时年龄为十几岁，执政时间为九十多年。《帝王世纪》中说："在位百年而崩，年百一十一岁。"《大戴礼记》中记载，宰我问孔子说："我听荣伊说黄帝治国有三百年之久，那么请问，黄帝是人还是神？怎么能达到三百年的？"孔子回答说："黄帝一生勤劳，尽心竭力，而且教导民众节省物资财力，其贡献之大无与伦比。在其一牛中民众得到利益一百年；虽然逝世，而民众敬畏之如神，沿用黄帝制定的一切典章制度，又一百年；民众希望黄帝复生而遵循他的教诲，又一百年。所以黄帝的直接影响达三百年之久。"《竹书纪年》以黄帝登位开始记载。在位二十年时，祥云出现。黄帝以云名官，分别管理一年四季之事。七十七年时，昌意降居弱水，生了帝干荒。干荒即韩流，颛顼之父。

关于少昊的即位时间不详。

颛顼登位时年龄为 20 岁，执政时间为 78 年，去世时为 98 岁。颛顼十岁时就辅佐少昊，治理九黎地区，封于高阳，故又称其为高阳氏。《帝王世纪》中说："在位七十八年，年九十八。"《竹书纪年》记载："帝颛顼高阳氏母曰女枢，见瑶光之星贯月如虹，感已于幽房之宫，生颛顼于若水。首戴干戈，有圣德。生十年而佐少昊氏，二十而登帝位。三十年，帝产伯鲧，居天穆之阳。七十八年，帝陟。"

帝喾登位时年龄为 30 岁，执政时间为 70 年，去世时为 105 岁。帝喾少小聪明好学，十二三岁便有盛名，十五而佐颛顼，封有辛地方，实住帝丘。黄帝正妃嫘祖生了玄嚣、昌意二子。玄嚣之子为蹻极，之孙为五帝之一的帝喾。《帝王世纪》记载："帝喾高辛氏，姬姓也。龆龀有圣德，年十五而佐颛顼，三十登位，都亳，以人事纪官也。"又说："在位七十年，年百五岁而崩。"

帝挚是帝喾的长子，在位 9 年。

尧帝是帝喾的另一个儿子，登位时年龄为 20 岁，执政时间为 98 年，去世时为 118 岁或 117 岁。其中执政的后 28 八年由舜摄政。尧实际执政时间为 70 年。《帝王世纪》中说："尧即位九十八年，通舜摄二十八年也，凡年百一十七岁。"孔安国说："尧寿百一十六岁。"

舜帝登位时年龄为 61 岁，执政时间为 39 年，去世时为 100 岁。其中舜被启用时 11 岁，摄政时 33 岁。舜实际执政 67 年。《帝王世纪》中说："舜以尧之二十一年甲子生，三十一年甲午征用，七十九年壬午即真，百岁癸卯。"《史记》记载有所不同，舜帝 20 岁时以孝出名，30 岁时被尧任用，50 岁时摄政，58 岁时尧去世。61 岁时登位，在位 39 年，去世时 100 岁。

大禹何时被启用，何时登帝位，这些史料并没有具体指出。但在综合其相关资料的基础上，则可得出大致的轨迹。《竹书纪年》记载，"尧六十一年命崇伯鲧治河，六十九年黜崇伯鲧。"鲧治理洪水九年不成而被杀。尧为帝时，"七十五年，司空禹治河"，这是关于大禹最早的记载。古本《竹书纪年》说禹立四十五年，今本则有八年后驾崩的说法。下面以大禹的年龄为一百岁而向前推断，所取为大禹登位八年后的说法，如是

大禹登帝位 45 年，从鲧被杀那年计算，则大禹的年龄约在 119 岁以上，不太符合情理。如此推出大禹出生于尧 43 年，鲧治水时，大禹 9 岁，鲧被杀时大禹 19 岁。大禹开始治河时 24 岁。尧驾崩时大禹 47 岁，三年后舜继位，大禹 50 岁。舜登帝位 39 年，去世时大禹 89 岁。服丧三年后，大禹 92 岁，继位 8 年去世，刚好 100 岁。

关于大禹儿子夏启的记载也相差比较大。《竹书纪年》记载启在位 39 年，78 岁驾崩。《路史·后纪》记载启在位 16 年，91 岁驾崩。《御览》八十二引《帝王世纪》："启在位九年。"

根据以上史书的记载，黄帝在位九十多年，颛顼在位 78 年，帝喾在位 70 年，帝挚在位 9 年，尧帝在位 98 年，舜帝在位 39 年，大禹在位 8 年，夏启在位 9 年。这里的矛盾之处，在于共工、伯夷、鲧三人的传说与此严重不符。少昊之子共工，即穷奇，与颛顼争帝位，由此造成第二场大洪水危害天下。而穷奇直到舜摄政时才被击败，以此而言共工氏起码活了 200 多岁。鲧为颛顼的儿子，在尧 69 年被杀，则鲧的年龄也在 150 岁以上。

相传伯夷为姜姓，是炎帝神农氏之裔共工的侄孙，也就是共工兄弟的孙子。共工的兄弟也应是少昊的另一个儿子，他大概是与穷奇一起入赘于炎帝家族的。伯夷曾担任帝颛顼的大祭司，后为第一代太岳。伯夷在帝尧时辅政，掌管礼仪，帝舜时正式任命伯夷为秩宗。大禹治水及代行天子之政时，伯夷尽心辅弼，成为禹的心腹之臣。为嘉奖伯夷，帝舜晚年赐伯夷恢复姜姓，封为吕侯，掌管四岳，其子孙因此亦以吕为氏。伯夷与共工一样，贯穿于颛顼、帝喾、尧、舜、禹的年代，以此而论，他的年龄也在 200 岁以上。

如果把共工氏穷奇与伯夷作为参照标准，即使以两人的年龄为 100 岁计算，颛顼、帝喾、尧、舜整体的执政年限最多为八十多年，平均执政时间为二十多年。这其实是比较符合历史发展规律的。根据这种推断，舜可能不是颛顼的子孙，《史记》的记载可能有误。《史记》记载："虞舜者，名曰重华。重华父曰瞽叟，瞽叟父曰桥牛，桥牛父曰句望，句望父曰敬康，敬康父曰穷蝉，穷蝉父曰帝颛顼。"舜是颛顼的 6 世孙，即使以男子平均生子年龄为 20 岁计算，颛顼与舜的年龄差也在 120 岁上下。

《路史》说有虞氏"五帝之中独不出于黄帝，自敬康而下其祖也。敬康生于穷系，系出虞幕。"这是说舜帝并不出自黄帝的血统，而是出自虞幕，虞幕是颛顼的臣子。但有虞氏最早来自昆仑圣地的开明白虎族，而传说黄帝之母为吴枢，古代"虞"通"吴"，表明黄帝本身含有虞氏的血统，颛顼也完全有可能与虞幕进行联姻。而舜后为尧帝的女婿，对于舜的后人而言，是能够追认黄帝为其祖的。

《礼记》说："男子二十而冠，始学礼，三十而始有室，始理男事，女子十五而笄，二十而嫁。"这是古代的"民法"，主张男子三十岁，女子二十岁是适当结婚年龄。女子二十岁而嫁，如遇事故、丧父母或其他事情不能出嫁，也不可超过二十三岁。这并非硬性规定，只认为这是适当年龄而已。古代的礼法虽然

如此规定，而实际上，男子十四已婚，女子十五已为人母者亦比比皆是。有时统治者为增兵源，大力提倡早婚，如越王勾践为了与吴国交兵，规定如男子二十，女子十七尚未结婚者，其父母受罚。以上古时代的生活与医疗条件而言，男性初次生子的年龄约在 15～20 岁之间。

下面从夏朝到清朝的帝皇平均执政时间来进行比较：

夏朝共传 14 代 17 王（一说 13 代 16 王，主要对大禹是君主还是部落联盟首领有争议），约 471 年，后为商朝所灭，平均在位时间为 28 年。

商朝约 554 年，自太乙（汤）至帝辛（纣），共 17 世、31 王，平均在位时间为 18 年。

周朝分为"西周"与"东周"两个时期，周王朝共传 30 代 37 王，共计存在时间约为 791 年，平均在位时间为 21 年。

秦朝自秦始皇至秦王子婴，共传 3 帝，享国 15 年，平均在位时间为 5 年。

汉朝分西汉与东汉，西汉共有 14 帝，历经 211 年；东汉总计 12 帝，历时 195 年。两汉共计 26 帝，406 年，平均在位时间为 16 年。

晋朝分西晋和东晋，西晋历经 50 年，共 4 帝；东晋共 156 年，历 18 主。两晋共计 206 年，共 22 主，平均在位时间为 9 年。

隋朝存在 38 年，传 2 帝，平均在位时间为 19 年。

唐朝共 289 年，历 21 代皇帝（包括武则天），平均在位时间为 14 年。

后周传 3 帝，共 10 年，平均在位时间为 3 年。

宋朝历经 309 年，共有 18 位皇帝，其中北宋 9 位，南宋 9 位，平均在位时间为 17 年。

元朝经 97 年，历 11 帝，平均在位时间为 9 年。

明朝经历 276 年，共有 17 位皇帝（实际是 16 个，因为朱祁镇做过两次皇帝，故用两个年号），平均在位时间为 13 年。

清朝 296 年，历 12 帝，平均在位时间为 25 年。

根据统计，夏朝以后平均在位时间为 3 ~ 25 年，其中清朝康熙在位时间最长，为 61 年。执政时间较长的一般在 20 年左右。

从尧、舜、禹到夏启，与前任帝皇的“禅让制”不同，又多了关于继位者必须守孝三年的记载。传说尧死之后，舜守孝三年；舜死之后，禹守孝三年。禹死之后，其子启守孝三年之后即位。

古人守孝三年，实则 27 个月，在三年间不参与任何娱乐活动，不能婚嫁，夫妻不能同房，不能吃肉等。孔子的弟子宰我，不愿对父母守“三年之丧”，孔子提出了他的看法，他说：“子生三年，然后免于父母之怀。”这就是说，父母对子女，不但有着亲子的血缘关系，而且在子女生下来之后，差不多三年的时间内，都是在父母的怀抱中长大的。父母不但养育了子女，还用尽心力，对子女进行教育，使子女能成家立业。既然父母对子女有如此深的恩情，为什么子女不应当加倍予以报答呢？

　　守孝三年的儒家礼仪，是否因汉代以后以儒家为尊而反溯到三皇五帝时期的传统并不可考，但如果这种传统确实是从尧之后开始的，也有其特殊的历史原因。黄帝族与羲和族的约定，是由一元化的部落长老制变为二元化的部落长老制。原来只要由单方的部落长老联盟选出继承人即可，现在则由双方的长老选出继承人，该继承人分别代表黄帝族与羲和族的利益。但这种顺序从帝喾传帝位与帝挚后就失败了。这也是后期每个上古帝皇都试图把帝位传给儿子，向"禅让制"与母系传统挑战的必然趋势。

　　帝喾之后应该是鲧，但结果是帝喾的另一个儿子尧继承了帝位。舜是尧的女婿，在尧晚年已经实际摄政。在尧试图传帝位给子丹朱后，部落长老选择了旁观的策略，最终舜击败了丹朱。舜代表的是东方金乌族的另一支力量，他摄政时杀了鲧，并有效削弱了炎帝族与苗蛮的力量，而后在匆忙征讨三苗的途中驾崩。舜的儿子商均没有机会获得帝位的继承权。由此大禹在三年之后顺理成章地成为新的共主，这大概是守孝三年的由来，实质是部族长老对由禅让制转向君主世袭制的无奈观望。

　　下面是根据本书内容对上古帝皇执政时间作的推演：

　　黄帝有四妃，正妃为西陵氏，有三个次妃，为方雷氏女、彤鱼氏女、嫫母。据说彤鱼氏为炎帝之女，生夷鼓、缙云、乔伯、姞、僖等五子，从这一点来说，与尧与舜的关系一样，黄帝也是末代炎帝的女婿。炎帝当政的晚年，其主要依靠的力量有两派，一是从炎帝家族本身延续下来的祝融氏、共工氏等，二是炎帝家族必须依赖的苗蛮力量，其与炎帝族频繁联姻，掌管天下的刑罚，其首领为蚩尤。炎帝家族已经失去了对整个部落联盟的吸引力，完全处于下坡路，其他部落基本都不来进贡了，而中风中代表少典族新兴力量的正是黄帝族。

当时对其他部族最有吸引力的，其实是姓氏与领地的分封制。黄帝通过联姻获得了大部分部族的支持。但黄帝启用自己的"姬"姓非常晚，黄帝娶了四妃鬼方氏，生苍林、青阳，这两位继承了"姬"姓。由此可见，黄帝先辅助炎帝，在炎帝的晚年摄政并最终接过了帝位。但黄帝继位后，继续通过联姻的方式与其他部族交好，以新兴的文明力量获得了广泛的支持。这种情况下，黄帝才可能启用自己的"姬"为新的帝皇之姓，这也是中风家族中，继燧人氏的风姓与炎帝族的姜姓之后的第三个帝皇之姓。这种情况下，已经下台的炎帝族发动阪泉之战，并被黄帝轻易击败。因为与炎帝族嫡系是互相利用并且互相戒备的关系，这时候代表苗蛮的蚩尤是冷眼旁观的，只有末代炎帝失败后，炎帝族的部分嫡系才会改而支持蚩尤领导的苗蛮。

引发炎帝与黄帝族战争的导火索，是炎帝之重孙杀葆江事件。黄帝下令处死了鼓。自此以后，开明白虎族也与炎帝成员渐行渐远，并间接导致了蚩尤对黄帝战争的失败。

以此推测，黄帝继位大概 30 岁，末代炎帝大概为 60 多岁。阪泉之战时黄帝大概 45 岁，而炎帝 75 岁，已经是暮年。玄嚣与昌意在黄帝 20 岁左右时出生，玄嚣在黄帝 70 岁左右时继位为少昊。这时候少昊 50 岁左右，昌意的孙子颛顼出生，少昊抚养颛顼 10 年。颛顼其后辅助少昊 5 年，在 15 岁时执掌蚩尤失败后留下的九黎余部，20 岁时代替少昊接替帝位。少昊 70 岁时传帝位与颛顼，并迁居到西方镇守，成为"白帝"。这一年黄帝已经 90 多岁，离过世不远了。在少昊在东方即位的时候，因为稳定中部的需要，黄帝保留了帝皇的称号，而少昊启用的则是与太昊伏羲氏类似的称号。从一点来说，既可以说少昊继承了帝位，也可以说黄帝直接把帝位传给了颛顼。

如果把蚩尤与黄帝发生的涿鹿之战当成阪泉之战的后续，则涿鹿之战发生在阪泉之战不久。蚩尤获得了炎帝族余部的支持。而蚩尤为炎帝旧臣，年龄应和黄帝差不多。由此可推测，蚩尤与黄帝发生战争时，黄帝与蚩尤都在 50 岁左右，少昊 30 岁，颛顼还未出生。这时候末代炎帝理论上为 80 岁，已经不能再掌控局势。炎帝归顺黄帝后，炎帝族部分嫡系与苗蛮都归蚩尤领导。但因黄帝的苦心经营，天下大局已定，而黄帝也与灵山十巫乃至苗蛮本身有联姻，这也分化了蚩尤的同盟。在涿鹿之战中出现了黄帝与草原部落所生的女魃以及神秘的应龙氏。应龙氏极有可能是黄帝的孙子辈，是黄帝海神家族与东夷中的鹰族联姻所生。

颛顼 20 岁继位，30 岁左右生了儿子鲧。颛顼在位期间，少昊的儿子共工入赘于炎帝族，并迅速崛起，成为中部的新霸主。共工与颛顼争帝位，导致了第二场史前大洪水。这位共工当为少昊晚年所生，年龄与颛顼相差不大。颛顼在位的时间并不长，可能在 40 岁就驾崩了。颛顼去世以后，代替颛顼坐镇东方的是少昊的孙子帝喾。这一年，帝喾 30 岁，共工 30 岁，鲧 10 岁。帝喾执政了大概 16 年，传帝位与儿子挚。帝挚执政了 9 年，帝位由尧继承，尧继位时为 20 岁。这时候帝喾 55 岁，鲧 35 岁，共工 65 岁。这一年大禹大概刚出生。大禹和舜的年龄应该差不多。

尧执政时发生东方十日族之乱，借助后羿的力量得以平息。舜原来作为有虞氏的后人迁居到吴地，属于东夷部落。尧执政 10 年启用舜，舜被启用时 10 岁左右。尧执政后 20 年为 40 岁，此时舜大概 20 岁，已经成为舜的女婿，并实际摄政。这时候鲧 55 岁，已经治理共工遗留的洪水问题 9 年。而共工 85 岁，大禹 20 岁左右。舜杀了鲧，并放逐了年迈的共工。

大禹开始治水时约 25 岁。这一年伯夷，即当过颛顼师父的那位，比共工的年龄还要大，接近百岁，辅助大禹治水。辅助大禹治水的还有皋陶，他是颛顼的苗裔孙女与少昊族联姻所生，皋陶大概 35 岁，其子伯益 15 岁左右。

舜摄政 10 年后为 30 多岁，尧为 50 岁，舜继承帝位。这时候三苗继续发动叛乱，舜持续镇压。在舜为帝 10 年后，大禹治水成功，两人都在 45 岁左右。舜又执政了 10 后，死于征伐三苗的途中。这一年，大禹大概在 55 岁。服丧三年后，大禹继位，继位八年去世，大概在 65 岁。大禹的儿子启在大禹刚开始治水时出生，在大禹去世时大概为 40 岁。而大禹理论上的继位者皋陶已经 75 岁，其子伯益 55 岁。启最终击败了伯益，创立了夏朝，开启了君主世袭的国家制度。

帝皇执政时间推演表（以黄帝出生年为基准）

人物	出生年份	大事件1	大事件2	大事件3	去世年份
末代炎帝	前30	前1（即位）	30（退位）	45（阪泉之战）	50
黄帝	1	30（即位）	45（阪泉之战）	50（涿鹿之战）	95
		80（让权少昊）	90（退位）		
蚩尤	1	25（掌管苗蛮）	50（涿鹿之战）		50
少昊	20	40（入赘东夷）	70（成为少昊）	90（让位颛顼）	110
昌意	20	45（生子韩流）	70（生孙颛顼）		100
颛顼	70	80（辅佐少昊）	85（掌管九黎）	90（即位）	
		95（不周山之战）	100（生子鲧）	110（退位）	110
共工	70	85（入赘炎帝族）	95（不周山之战）	155（三苗之乱）	160
帝喾	70	110（即位）	115（杀重黎）	126（退位）	136
帝挚	90	126（即位）	135（退位）		145
帝江	110	130（掌管苗蛮）	135（擅自称帝）	155（三苗之乱）	165
尧	115	135（即位）	140（十日之乱）	145（启用舜）	
		155（由舜摄政）	155（三苗之乱）	165（退位）	170
后稷	105	135（获尧承认）	165（封为农神）		175
舜	135	145（被尧启用）	155（摄政）	155（三苗之乱）	
		165（即位）	185（退位）		185
丹朱	135	165（与舜争位）			165
鲧	100	110（掌管北海）	115（去海神封号）	135（生子大禹）	
		146（开始治水）	155（治水失败）		155
大禹	135	160（开始治水）	175（治水成功）	188（即位）	196
启	160	196（即位）	235（退位）		235
皋陶	121				195
伯益	1141	196（与启作战）			206

龙迹迷踪

龙的存在可谓中华文化史上的一大迷案，十二生肖之中龙是唯一不为世人所见的动物。龙的形象笼罩在云雾之中，恰如龙本身给历史留下的想象与困惑。同为少典族后人的黄帝族发展了水利农耕技术，并击败了代表保守势力的炎帝族。黄帝族以龙为图腾，这种综合了多种动物特征的形象也成为中华民族的终极图腾。代表母系传统的凤鸟退居到第二位，成为龙的辅佐。但龙对各种动物形象的综合，也使人怀疑龙本身是否真实存在，或者只是各部族统一的标志而已。

龙的形象在古籍记述中多不一。龙在中国的神话与传说中是一种神异动物，具有九种动物合而为一的九不像之形象，具体是哪九种动物则有争议。宋代罗愿作《尔雅翼》，解释《尔雅》草木鸟兽虫鱼各种物名，以为《尔雅》辅翼。《尔雅翼》称龙为鳞虫之长。王符称其形有九似：头似牛，角似鹿，眼似虾，耳似象，项似蛇，腹似蜃，鳞似鱼，爪似凤，掌似虎，是也。其背有八十一鳞，具九九阳数。其声如戛铜盘。口旁有须髯，颔下有明珠，喉下有逆鳞。头上有博山，又名尺木，龙无尺木不能升天。呵气成云，既能变水，又能变火。另一种说法是："嘴像马、眼像蟹、须像羊、角像鹿、耳像牛、鬃像狮、鳞像鲤、身像蛇、爪像鹰……"还有一种说法则是："头似驼、眼似鬼、耳似牛、角似鹿、项似蛇、腹似蜃、鳞似鲤、爪似鹰、掌似虎。"

　　龙有不少分类，《广雅》中说："有鳞曰蛟龙，有翼曰应龙，有角曰虬龙，无角曰螭龙，未升天曰蟠龙。"《说文解字》称："龙为鳞虫之长，能幽能明，能细能巨，能短能长，春分而登天，秋分而潜渊。"这无疑都增加了龙的神秘性。

　　对于龙的主体原形的探讨，学者们作过许多研究，有鳄鱼说、蜥蜴说、马说等。另一个比较普遍的观点认为龙的基调是蛇，最初系统提出这一见解的是闻一多的《伏羲考》。龙即大蛇，蛇即小龙。闻一多认为，蛇氏族兼并别的氏族以后，吸收了许多别的形形色色的图腾，大蛇这才接受了兽类的四脚、马的头、鬣的尾、鹿的角、狗的爪、鱼的鳞和须，而成为后来的龙。

　　但从龙形象本身的综合性而言，并不能否定龙的存在。而今为人熟知的动物中，麋鹿就是一个综合了其他动物形象而确实存在的例子。由于麋鹿长相非常特殊，它的犄角像鹿，面部像马，蹄子像牛，尾巴像驴，整体看上去似鹿非鹿，似马非马，似牛非牛，似驴非驴，故获得"四不像"的美名。另外鸭嘴兽、袋狼也是现实存在过的动物。由此而言，不光是龙，麒麟也可能是一种真实的动物。只是因为人类活动范围的扩大以及自然环境的变化，这些珍奇的动物要么已经灭绝了，要么就遁入了更深更远的山林与海洋中。即使拥有令人敬畏的力量，在人类对自然的无限开发索取面前，这些动物也是无能为力的。

　　龙一直出现于早期的历史记载中。《左传·昭十七年》记载："太皞氏以龙纪，故为龙师而龙名。"这表明伏羲氏时，有龙呈瑞，因而以龙纪事，创立文字。《竹书纪年》记载，伏羲氏各氏族中有飞龙氏、潜龙氏、居龙氏、降龙氏、土龙氏、水龙氏、青龙氏、赤龙氏、白龙氏、黑龙氏、黄龙氏。《左传·昭二十九年》有"公赐公衍羔裘，使献龙辅于齐侯"的记载。《拾遗记》也说：舜时，"南浔之国献毛龙，一雌一雄，放置豢龙之宫，至夏代，豢龙不绝，因以命族。"说明夏朝盛行着饲养龙的习俗和以龙作氏族集团的族名。

在《山海经》的记载中，龙是一种比较普通的动物，甚至用来形容其他动物。就龙的形象而言，其特征可归纳为："有着牛首，身材巨大修长，吼声响亮的一种水生动物。"这是具体的一类龙，即黄帝族启用的图腾。而龙形象的另一种演变，是用来描述某类生物中体型特别巨大者，相当于一个形容词。体型巨大到某种程度，就成为世人眼中的神或精怪了，就是所谓的"龙"。龙之九子中的鳌鱼，也可以说是一种大型的鲤鱼。而蜃龙其实就指某种特别巨大的贝壳类生物。

《周礼·度人》中记载："马八尺以上为龙。"汉字之中甚至有"龙"这个字。《汉书·匈奴传》中说："匈奴骑，其西方尽白，东方尽龙，北方尽骊，南方尽驿。"龙这里指青马。《周礼·秋官·犬人》中说："用龙可也。"这里龙指毛色不纯的马。龙马则指面、额白色的黑马。冉龙也是西南的古部族名，汉武帝时在其地置汶山郡，在今四川茂县、汶川、理县一带。《尚书·顾命》中《孔安国传》记载："伏羲王天下，龙马出河，遂则其以画八卦，谓之河图。"这种综合马与龙两者特征的龙马在四川出土的文物中还可以见到其形象。

龙的分类也很多。虺是一种早期的龙，是以爬虫类中的蛇作模特儿想象出来的，常在水中。《述异记》中说："虺五百年化为蛟，蛟千年化为龙。"虺指龙的幼年期，少量出现在西周末期的青铜器装饰上。一般把没有生出角的小龙称为虬龙，指成长中的龙。王逸在《楚辞》中注释："有角曰龙，无角曰虬。"另一种则说幼龙生出角后才称虬。两种说法虽有出入，但都把成长中的龙称为虬。还有的把盘曲的龙称为虬龙，唐代诗人杜牧在《题青云说》诗中就有"虬蟠千仞剧羊肠"之句。

螭是龙属的蛇状神怪之物，是一种没有角的早期龙，《广雅》集里就有"无角曰螭龙"的记述。对螭也有两种说法，一种是指黄色的无角龙，另一种是指雌性的龙，在《汉书·司马相如传》中就有"赤螭，雌龙也"的注释。角龙指有角的龙。据《述异记》记述："蛟千年化为龙，龙五百年为角龙。"角龙便是龙中之老者了。蟠龙指蛰伏在地而未升天之龙，龙的形状作盘曲环绕。在我国古代建筑中，一般把盘绕在柱上的龙和装饰在梁上、天花板上的龙称之为蟠龙。在《太平御览》中，对蟠龙又有另一番解释："蟠龙，身长四丈，青黑色，赤带如锦文，常随水而下，人于海。有毒，伤人即死。"这是把蟠龙和蛟、蛇之类混在一起了。

有翼的龙称为应龙。据《述异记》中记述："龙五百年为角龙，千年为应龙"，应龙称得上是龙中之精了，故长出了翼。传说应龙是上古时期黄帝的神龙，它曾奉黄帝之令讨伐过蚩尤，并杀了蚩尤而成为功臣。在禹治洪水时，神龙曾以尾扫地，疏导洪水而立功。其实应龙氏是黄帝族海神系与东夷鹰族联姻的后人，在黄帝击败蚩尤的战争中发挥了举足轻重的作用。应龙的特征是生双翅，鳞身脊棘，头大而长，吻尖，鼻、目、耳皆小，眼眶大，眉弓高，牙齿利，前额突起，颈细腹大，尾尖长，四肢强壮，宛如一只生翅的扬子鳄。在战国的玉雕及汉代的石刻、帛画和漆器上，常出现应龙的形象。应龙的形象可能是鹰的形象与龙的嫁接，也可能是指鹰类之中体型特别巨大者，即大雕类猛禽。

龙一般代表正直，与此相对的是蛟，一般代表邪恶。蛟的含义也比较多。《韵会》说："蛟，龙属，无角曰蛟。"这里把无角的龙称为蛟。《楚辞》中说："麾蛟龙使梁津兮，诏西皇使涉予。"王逸注解说"小曰蛟，大曰龙。"《酉阳杂俎》说："鱼二千斤为蛟。"《世说新语·自新》记载："义兴水中有蛟。"蛟这里指鼍、鳄一类的动物。又有说法是母龙称为蛟。

蛟或称为虎蛟，在《山海经》中也出现较多。这是一个非常具体而确定的形象。《埤雅》记载："蛟，其状似蛇而四足，细颈，颈有白婴，大者数围，卵生，眉交，故谓之蛟。"总而言之，据古人说蛟像蛇的样子，却有四只脚，小小的头，细细的脖子，脖颈上有白色肉瘤，大的有十几围粗，卵有瓮大小，能吞食人。这个形象非常像人们认为早已灭绝的蛇颈龙，也是现在众多天池湖泊目击报告中的水怪的样子。

蛟古代也通"鲛"，即指鲨鱼。而蛟鱼则是传说中的人鱼。

鲛人是中国神话传说中鱼尾人身的生物。鲛人神秘而美丽，他们生产的鲛绡，入水不湿，他们哭泣的时候，眼泪会化为珍珠。西方传说里的美人鱼与鲛人相似，都是生活在大海里的生物。晋干宝《搜神记》卷十二记载："南海之外，有鲛人，水居如鱼，不废织绩，其眼泣，则能出珠。"此说《博物志》、《述异记》都有记录，内容大同小异。

中国很早就有鲛人的传说。魏晋时代，有关鲛人的记述渐多渐细，曹植、左思、张华的诗文中都提到过鲛人。传说中的鲛人过着神秘的生活。郭璞注《山海经》时称"雕题国"人为鲛人。古音中，"雕题"与"鲛"可以互转，与海南岛的"黎"族也颇为音近。黎族有纹身的习俗，并且居住于海边，这也许是鲛人的原型。

据《晋书·郭璞传》中记载，诞人"点涅其面，画体为鳞采，即鲛人也"。"鲛人"，即古巫蜑人，简称蜑人，亦称蜑人、旦人、蛋人、龙人、鲛人、龙户人等，"自云龙种"。后来把流放在海域，终生生活在海上不能上岸的人也称为蜑人。《山海经》中的"雕题国"也是诞人的后人。

《山海经》中关于龙形生物的记载很多。《南山经》记载，浪水从这座山发源，然后向南流入大海。水中有一种虎蛟，形状像普通鱼，却拖着一条蛇的尾巴，脑袋如同鸳鸯鸟的头，吃了它的肉就能使人不生痈肿疾病，还可以治愈痔疮。这里的虎蛟即蛇颈龙一类。

《中山经》记载，再往东二十里，是座金星山，山中有很多天婴，形状与龙骨相似，可以用来医治痤疮。天婴不详为何种植物。据古人讲，在山岩河岸的土穴中常有死龙的脱骨，而生长在这种地方的植物就叫龙骨。在中药中，龙骨指古代哺乳动物象类、犀类、三趾马、牛类、鹿类等的骨骼化石，由磷灰石、方解石以及少量黏土矿物组成。

《北山经》记载，陡水从这座山发源，然后向东流入泰泽，水中有很多龙龟。有些注解把"龙龟"解释成龙与龟，但也有注释把龙龟看作是一种动物，即龙种龟身的赑屃。其原型可能来自于某种体型巨大的龟类。

《中山经》记载，再往东北三百里，是座岷山。长江从岷山发源，向东北流入大海，水中生长着许多优良的龟，还有许多鼍。山上有丰富的金属矿物和玉石。鼍，古人说是长得像蜥蜴，身上有花纹鳞，大的长达二丈，皮可以制做鼓用，也就是现在所说的扬子鳄，俗称猪婆龙。

夔是雷泽氏的图腾，在《山海经》中经常出现。《大荒东经》记载，东海当中有座流波山，这座山在进入东海七千里的地方。山上有一种野兽，形状像普通的牛，是青苍色的身子却没有犄角，仅有一只蹄子，出入海水时就一定有大风大雨相伴随，它发出的亮光如同太阳和月亮，它吼叫的声音如同雷响，名叫夔。黄帝得到它，便用它的皮蒙鼓，再拿雷兽的骨头敲打这鼓，响声传到五百里以外，威震天下。

夔牛，古人说是一种重达几千斤的大牛。所谓苍身无角一足之夔牛，有可能是指海豹、海狮、海牛之类海洋动物，这些

动物后肢退化或尾部，远看即"一足"。夔牛与龙相似之处大概只有牛首与水居的习性。伏羲氏的父系即为雷泽氏，而夔牛也渐渐演变为夔龙的形象。夔龙的牛身则变为蛇身的修长形象。伏羲氏的后人中炎帝启用了牛图腾，黄帝启用了龙图腾，都与夔龙有渊源。

《中山经》记载，再往东一百七十里，是座贾超山，山南面多出产黄色垩土，山北面多出产精美赭石，这里的树木大多是祖树、栗子树、橘子树、柚子树，山中的草以龙须草最多。龙须草与莞草相似而细一些，生长在山石缝隙中，草茎倒垂，可以用来编织席子。

《大荒东经》记载，在大荒的东北角上，有一座山名叫凶犁土丘山。应龙就住在这座山的最南端，因杀了神人蚩尤和神人夸父，不能再回到天上，天上因没了兴云布雨的应龙而使下界常常闹旱灾。下界的人们一遇天旱就装扮成应龙的样子求雨，得到大雨。应龙为传说中的一种生有翅膀的龙，是应龙氏的图腾。应龙可能是鹰与龙的复合体，类似远古的翼龙。也可能指体型特别巨大的雕类。

《中山经》记载，再往南九十里，是座柴桑山，山上盛产银，山下盛产碧玉，到处是柔软如泥的泠石、赭石，这里的树木以柳树、枸杞树、楮树、桑树居多，而野兽以麋鹿、鹿居多，还有许多白蛇、飞蛇。飞蛇即螣蛇，也作"腾蛇"，传说是能够乘雾腾云而飞行的蛇，属于龙一类。飞蛇为游蛇科金花蛇属爬虫类，共 3 种，体细长，树栖，分布于亚洲南部和东印度，能作短距离滑翔，滑翔时身体挺直，腹部正中鳞片收缩使腹部微凹。在飞蛇开始下落时，它们的头部不停地左右摇摆，这使它们的身体在空中时弯曲成 S 形。飞蛇还能令其身体与地面保持平行。

《海外西经》记载："龙鱼陵居在其北，状如鲤，一曰鰕。即有神圣乘此以行九野。一曰鳖鱼在沃野北，其为鱼也如鲤。"一种说法是龙鱼的形状像一般的鲤鱼，另一种说法认为像鰕鱼。体型大的鲵鱼叫做鰕鱼。鲵鱼是一种水陆两栖类动物，有四只脚，长尾巴，眼小口大，生活在山谷溪水中。因叫声如同小孩啼哭，所以俗称娃娃鱼。

《海内南经》记载，窫窳长着龙一样的头，住在弱水中，处在能知道人姓名的猩猩的西面，它的形状像躯，长着龙头，能吃人。窫窳即猰貐，本为对灵山十巫首领的称谓。后来被西王母手下所害，灵山十巫自此脱离了西王母。但猰貐部落本身则开始流浪，其图腾形象从蛇变为龙类。躯是古书上说的一种似狸而大的猛兽。

关于龙形象的山神也很多。这些山神往往综合了其他动物的形象，可能是龙图腾与其他图腾的融合。比如鹊山山系山神的形状都是鸟的身子龙的头。南方第二列山系山神的形状都是龙的身子鸟的头。南方第三列山系山神都是龙的身子人的脸面。东方第一列山系山神的形貌都是人的身子龙的头。岷山山系山神的形貌都是马的身子龙的脑袋。洞庭山山系山神的形貌都是鸟的身子龙的脑袋。

　　《中山经》记载，再往东一百三十里，是座光山，山上到处有碧玉，山下到处是流水。神仙计蒙居住在这座山里，形貌是人的身子龙的头，常常在漳水的深渊里畅游，出入时一定有旋风急雨相伴随。计蒙应为神农氏时期的雨师。在涿鹿之战中代表炎帝族出战的雨师是计蒙的后人雨师妾。

　　《海内北经》记载，从极渊有三百仞深，只有冰夷神常常住在这里。冰夷神长着人的面孔，乘着两条龙。冰夷即冯夷，为黄帝元妃西陵氏所生的儿子。他是黄河的水神河伯，入赘于开明族分支流黄辛氏，继而以水族中的鳖为图腾。

　　《海内东经》记载，雷泽中有一位雷神，长着龙的身子人的头，他一鼓起肚子就响雷。雷泽在吴地的西面。雷泽氏的图腾为夔龙。在舜为帝时，夔为乐官。该夔当为雷泽氏后人。雷泽氏与伏羲氏、黄帝族有着十分密切的关系。

　　《大荒北经》记载，在西北方的海外，赤水的北岸，有座章尾山。有一个神人，长着人的面孔蛇的身子，全身是红色，身子长达一千里，竖立生长的艰睛正中合成一条缝，他闭上眼睛就是黑夜、睁开眼睛就是白昼，不吃饭不睡觉不呼吸，只以风雨为食物。他能照耀阴暗的地方，所以称作烛龙。《西山经》记载，再往西北四百二十里，是座钟山。钟山山神的儿子叫做鼓，鼓的形貌是人而龙身。

　　"烛龙"、"烛阴"、"祝融"、"晏龙"是不同时期对钟山之神的称谓，这一点在《山海经》中其他部落首领的称号演变中也可以见到。"烛龙"是末代炎帝的孙子伯陵。伯陵生了儿子鼓，鼓杀害了白虎族的天神葆江。

《山海经》中乘着龙的一般为远古帝皇最重要的辅佐之臣或帝皇本身。

《海外南经》记载，南方的祝融神，长着野兽的身子人的面孔，乘着两条龙。神农是掌管火的祭司，开创了以火开荒的农业体系，也就成为新的帝皇，即炎帝。炎帝的后人之中，火神的体系分化出来，也就是烛龙或祝融氏。南方的祝融本是炎帝系的火神，在颛顼为帝后，以其孙重黎取而代之，成为黄帝系的新火神。

《海外西经》记载，西方的蓐收神，左耳上有一条蛇，乘驾两条龙飞行。少昊坐镇西方后，与昆仑山开明白虎族的后人联姻，生了儿子蓐收。少昊所在的羲和族与开明白虎的木禾支本有联姻，在少昊传帝位于颛顼后，迁居西方，又掌管了开明白虎族，成为新的刑罚之神。

《海外东经》记载，东方的句芒神，是鸟的身子人的面孔，乘着两条龙。少昊与南风部族联姻，又生了句芒，名重，在东夷族中掌管羲和族。句芒死后成木神，主管树木的发芽生长。"重"应为少昊羲和族中的一个部落首领的世袭名称，后颛顼有孙也为重。

《海外西经》记载，大乐野，夏后启在这地方观看《九代》乐舞，乘驾着两条龙，飞腾在三重云雾之上。启为大禹的儿子，后来建立了夏朝。

名字中有"龙"之名称的基本为黄帝族后人。《大荒东经》

记载，有个国家叫司幽国。帝俊生了晏龙，晏龙生了司幽，司幽生了思土，而思土不娶妻子；司幽还生了思女，而思女不嫁丈夫。司幽国的人吃黄米饭，也吃野兽肉，能驯化驱使四种野兽。晏龙是钟山之神的另一称谓，本为炎帝族掌管，后来由帝喾的子系取代。

《大荒北经》记载，大荒当中，有座山名叫融父山，顺水流入这座山。有一种人名叫犬戎。黄帝生了苗龙，苗龙生了融吾，融吾生了弄明，弄明生了白犬，这白犬有一公一母而自相配偶，便生成犬戎族人，吃肉类食物。有一种红颜色的野兽，形状像普通的马却没有脑袋，名叫戎宣王尸。苗龙为黄帝与苗蛮联姻的后人。其后人中有戎宣王，在高辛氏为帝时被盘瓠氏所杀。

《海内经》记载，伯夷父生了西岳，西岳生了先龙，先龙的后代子孙便是氐羌，氐羌人姓乞。伯夷父是颛顼的师父。相传伯夷即伯夷父，为姜姓，炎帝神农氏之裔共工的侄孙，也就是共工兄弟的孙子。这位共工就是少昊的儿子穷奇，入赘于炎帝族共工氏，成为新的水神。他的兄弟当也是少昊的儿子，和其一起入赘。两者都是黄帝的后人。

在现代考古发掘中，龙的形象较多出现于红山文化中，其因最早发现于内蒙古自治区赤峰市郊的红山遗址而得名。红山文化的社会形态初期处于母系氏族社会的全盛时期，主要社会结构是以女性血缘群体为纽带的部落集团，晚期逐渐向父系氏族过渡，经济形态以农业为主，兼以牧、渔、猎并存。

　　红山玉龙已在多处发现，其中尤以内蒙古三星他拉出土的玉龙刻划得最为栩栩如生。这条玉龙墨绿色，高 26 厘米，完整无缺，体蜷曲，呈 C 字形，吻部前伸，略向上弯曲，嘴紧闭，有对称的双鼻孔，双眼突起呈棱形，有鬣，龙背有对称的单孔，经试验，此孔用于悬挂，龙的头尾恰好处于同一水平线上。考古人员还在辽河流域发现了 20 余件红山文化时期形似熊龙的玉块，这种玉雕熊龙是红山文化玉器中最多的种类之一。

　　玉猪龙在红山文化中也有发现，它的头像猪首，整器似猪的胚胎。辽宁省凌源市牛河梁出土的红山文化后期玉猪龙为岫岩软玉雕琢而成，猪首龙身，通体呈鸡骨白色，局部有黄色的土沁，龙体卷曲如 C 形，首尾相连，器体厚重。造型粗犷。猪首形象刻画逼真，肥首大耳，大眼阔嘴，吻部前突，口微张，獠牙外露，面部以阴刻表现眼圈、皱纹，中央的环孔光滑，背部有一可穿绳系挂的小孔，出土时位于死者胸部，专家猜测其不仅为佩饰，很有可能是代表某种等级和权力的祭礼器。

　　其他关于龙形遗迹的考古成果也不少。辽宁阜新查海原始村落遗址出土了"龙形堆塑"，查海遗址属"前红山文化"遗存，距今约 8000 年。"龙形堆塑"位于这个原始村落遗址的中心广场内，由大小均等的红褐色石块堆塑而成。龙全长近 20 米，宽近两米，扬首张口，弯腰弓背，尾部若隐若现。这条石龙，是我国迄今为止发现的年代最早、形体最大的龙，形状与鳄鱼很相似。

　　其他还有内蒙古敖汉旗兴隆洼出土的距今达七八千年的陶器龙纹，陕西宝鸡北首岭遗址出土的距今达七千年的彩陶细颈瓶龙纹，河南濮阳西水坡出土的距今六千四百多年蚌塑龙纹等。

　　根据考古发掘而提出的关于龙的起源的说法较多，有鳄鱼、猪、熊、蛇等。但这并不能推翻龙真实存在的可能性。黄帝的父系为少典族，黄帝继承了其有熊氏的称号。神话中也有黄帝后人大禹化熊治水的传说。炎帝族与黄帝族都有驱使"虎、豹、熊、罴"这四种兽类的本领，可见熊本身就是华胥族中比较普遍的部族图腾。猪的图腾来自灵山十巫中的巫即族，最早是司彘国，蜀山氏保留了猪图腾。黄帝的儿子昌意娶蜀山氏女为妻，其子韩流就有猪的形象。燧人氏本身就有蛇的图腾，其后保留蛇图腾的主要是女娲氏。女娲与伏羲都可谓华胥族的先祖。从这点来说，龙是完全有可能与猪、熊、蛇来进行形象融合的。当然猪龙或者熊龙的出现，也可能代表了其同类中体型特别巨大者。

　　龙的神秘之处还在于其没有翅膀，而能飞翔。但这种飞翔能力显然是有限制的，只能在厚厚的云层之中。云起的地方基本靠近大河或大海边，这种云层往往意味着即将到来的大风大雨，这也是龙与降雨联系在一起的原因。联系到传说为龙类之一的飞蛇是可以顺风滑行的，龙也有可能利用风的对流来进行滑行。但如果风或雨的流动速度不能支持龙的重量，龙就会掉落下来。龙可谓一种以水居为主的两栖类动物。如果龙掉落在靠近水边的沙滩上，还可以存活一段时间，并慢慢爬进水里。但如果太干旱的话，龙就全身乏力，无法回到水中了。这也是难以考据的历史上多次目击事件所描述的情况。

昆仑圣地

《山海经》中最为神秘也最为人向往之地，非昆仑山莫属。在这座山上，中华文明象征意义上的始祖有巢氏建立树屋，开始了向中华大地传播文明的过程。其后进入山林与平原的燧人氏和进入草原与大漠深处的弁兹氏结盟，在昆仑山竖立了天下的共主玉帝，并建立了宫殿与御苑。继而草原上的西王母族崛起，逐渐掌控了昆仑山。而燧人氏的风之五部利用史前大洪水的机会第二次结盟，推举伏羲氏迁居东方为新的共主，并衍生出十日族与十二月族。伏羲的位置其后由东风帝俊族继承。西王母族的西羌势力与中风无怀氏少典族第三次结盟，推举两者的后人炎帝为新共主，取代东风的帝位。少典族继而又与灵山十巫联姻，诞生黄帝一族，黄帝与东风羲和族第四次结盟，击败代表炎帝族保守势力的蚩尤，并成为新共主。黄帝与少昊的后人轮流执政，并最终建立了夏朝。

这四次结盟，规模一次比一次小，但每次结盟的背后，都可见西王母族的西羌势力。西王母族与华胥族结盟，也是为了共同对抗草原上的戎人与狄人的需要。东风羲和族与西羌的流黄辛氏关系十分密切，炎帝的母系源于西羌，黄帝的妃子中有嫫母，也是西王母族人，就连最终建立夏朝的大禹，其母系同样源自西羌。中华大地统治的中心随着新共主的出现几度变迁，从西北部玉帝到东部帝俊，再到中部炎帝，继而又在中部黄帝与东部少昊间摇摆，最终确立了夏朝，定都为中部。《山海经》

记载的中心位置大致在河南境内的古代夏都附近。国家的建立意味着长老联盟制与母系社会的双重崩溃，从此西王母渐渐淡出了主流文化的视野。

昆仑是上古名山，在中国的历史地位非同寻常，先秦乃至后世的文献屡有提及。但昆仑究在何处，后世名谁，战国时期就已鲜为人知了。屈原在《天问》中就发出疑问道："昆仑县圃，其居安在？增城九重，其高几里？四方之门，其谁从焉？西北辟启，何通气焉？"汉代以来直到今天，为了揭开昆仑之谜，人们进行了不懈的努力，提出了各种答案。

一为酒泉南山说。关于昆仑的所在，唐初魏王泰《括地志》明确指出："昆仑山在肃州酒泉县南八十里。"即今祁连山脉主峰祁连山，海拔 5547 米。此说可称为酒泉南山说。酒泉南山说晋代已有，《晋书·张轨传》中说："（334 年）酒泉太守马岌上言：'酒泉南山，即昆仑之体也。周穆王见西王母，乐而忘归，即谓此山。此山有石室、玉堂，珠玑镂饰，焕若神宫。宜立西王母祠，以裨朝廷无疆之福。'骏从之。"

汉代已有酒泉南山说。具体说来，可推到汉武帝时期。《汉书·地理志下》敦煌郡条："广至：宜禾都尉治昆仑障。莽曰广垣。"昆仑障又称昆仑塞，是汉长城的一个关塞。昆仑障应在安西县一带。这里距酒泉虽有一段距离（约 300 公里），但既以"昆仑"为名，则附近应有昆仑山，"附近"当然最可能是酒泉了：

唐代以后'酒泉南山说一直延绵不绝，唐魏征《隋书·地

理志》、唐李吉甫《元和郡县志》、宋乐史《太平寰宇记》等均主此说。只是到了明代，酒泉南山说发生了一些变化。如《大明一统志》卷三十七陕西行都指挥使司山川昆仑山条："在肃州卫城西南二百五十里，南与甘州山连，其巅峻极，经夏积雪不消，世呼雪山。后凉（当为前凉）张骏时，酒泉太守马岌言周穆王见王母于此，宜立王母祠，骏从之。"此说虽然承认昆仑在酒泉，但否定了南山，而以更南的雪山（今名托来南山）为昆仑，此说可称为托来南山说。但清代的《大清一统志》又驳斥了托来南山说，而赞同酒泉南山说。

二为于阗南山说。关于昆仑的所在，汉武帝时期不仅有酒泉南山说，还出现了于阗南山说。这主要归功于张骞。虽然西域与中原早有联系，但西域的情况为中原人所熟知却始自张骞出使西域。汉武帝即位之初，张骞即应募通使，十三年后才得归来。《史记·大宛列传》中说："骞身所至者大宛、大月氏、大夏、康居，而传闻其旁大国五六。具为天子言之。"在这个报告中，张骞谈到一个重要观点，就是黄河的源头在西域。按照他的观点，汉武帝又派出使者，勘查详细情况。《史记·大宛列传》记载："而汉使穷河源，河源出于寘，其山多玉石，采来，天子案古图书，名河所出山曰昆仑云。""其山"即于阗南山，约相当于今和田县南的慕士山（海拔 7282 米）一带。此说可称为于阗南山说。

张骞的观点一出，立刻得到了广泛的赞同，但也有很多人不接受，例如司马迁在《史记》中说："《禹本纪》言'河出昆

仑。昆仑其高二千五百余里，日月所相避隐为光明也。其上有醴泉、瑶池。'今自张骞使大夏之后也，穷河源，恶睹《本纪》所谓昆仑者乎？故言九州山川，《尚书》近之矣。至《禹本纪》、《山海经》所有怪物，余不敢言之也。"后来到了东晋时期，许多佛教人物往来于印度与中国之间，路经西域，对昆仑问题又做了进一步的探索，如释氏《西域记》就在于阗南山说的基础上，进一步提出阿耨达山是昆仑的新观点。阿耨达山应是今喀喇昆仑山东段、今昆仑山脉西段。此说可称为阿耨达山说，实际是于阗南山说的变体，此后阿耨达山说竟深入人心，其声势甚至于凌驾酒泉南山说之上。郭璞《山海经注》、康泰《扶南传》、郦道元《水经·河水注》等都赞同此说。但也有的地方两存其说，如魏王泰《括地志》（《史记·大宛列传》正义引）说："阿耨达山亦名建末达山，亦名昆仑山。恒河出其南吐师子口，经天竺人达山。妫水今名为浒海，出于昆仑西北隅吐马口，经安息、大夏国人西海。黄河出东北隅吐牛口，东北流经滥泽，潜出大积石山，至华山北，东人海。其三河去山人海各三万里。此谓大昆仑，肃州谓小昆仑也。"

三为青海积石山说。人们对昆仑问题的探索不止于此。汉晋时期，人们虽有酒泉南山、于阗南山二山的分歧，但却都认为黄河源于西域，认为"中国"黄河之源在青海湖南岸，而称此地为河首、河曲，称今青海南山或鄂拉山为积石山。但隋唐时期，随着对青藏高原的深入了解，人们发现黄河并非源于青海湖南岸，而是星宿川，即今星宿海。于是人们又把星宿川一带称为河源，把今巴颜喀喇山脉西段雅拉达泽山一带称为积石山。但也有些人因此开始不相信黄河源于西域之说，相应地于阗南山说也遭到否定，而把星宿川当成真正的河源，并根据"河出昆仑"的记载提出当时的积石山为昆仑的观点。

四为青海巴颜喀喇山说。清代康熙曾经派遣使者追寻河源，因为当时西藏还不在版图之内，仅仅到青海星宿海就结束了，于是就把巴颜喀喇山当成昆仑山。相关记载可见于《大清一统志》，其言大略曰："今黄河发源之处，虽有三山，而其最西而大，为真源所在者，巴颜喀喇也。东北去西宁边外一千四百五十五里，延袤约千余里，山不极峻，而地势甚高，自查灵、鄂灵二海子之西，以渐而高，登至三百里，始抵其下。山脉自金沙江发源之犁石山，蜿蜒东来，结为此山。自此分支向北，层冈叠嶂，直抵嘉峪关，东趋大雪山，至西宁边，东北达凉州以南大小诸山。并黄河南岸，至西倾山，抵河洮阶诸州，至四川松潘口诸山。河源其间，而其枝干盘绕黄河西岸，势相连属，蒙古概名之为枯尔坤。"

"枯尔坤"音同"昆仑"。蒋廷锡在《尚书地理今释》中引用这个说法来注释《禹贡》中的昆仑："昆仑在今西番界。有三山：一名阿克坡齐禽，一名巴尔布哈，一名巴颜喀拉。总名枯尔坤，在积石西，河源所出。"

五为青海阿尼马卿山说。《禹贡》中说"导河积石，至于龙门"。《海内西经》中说"河水出东北隅……入禹所导积石山。"这种说法以黄河源追溯出处，指出积石山为昆仑山。积

石山有大小之分，小积石在今甘肃临夏县西北，即唐述山，当黄河曲处，其地有积石关。大积石则在今青海东南境，番名阿木奈玛勒占木逊山，又称为阿弥耶玛勒津木逊山，又称为阿木尼麻禅母逊阿林，蒙古语则称为木素鄂拉，今地理书则称为阿尼马卿山。《新唐书》记载刘元鼎出使吐蕃的故事，刘元鼎曾经说："自湟水入河处，西南行二千三百里，有紫山，三山中高而四下，直大羊同国，古所谓昆仑，番曰闷摩黎山，东距长安五千里，河湖其间。"闷摩黎山与阿尼马卿音同。

六为新疆天山说。孙璧文《新义录》卷八引用洪亮吉的话说："昆仑即天山也。其首在西域……自贺诺木尔至叶尔羌，以及青海之枯尔坤，绵延东北干五百里，至嘉峪关以迄西宁，皆昆仑也。华言或名敦薨之山，或名葱岭，或名于阗南山，或名紫山，或名天山，或名大雪山，或名酒泉南山，又有大昆仑，小昆仑，昆仑丘，昆仑墟诸异名。译言则曰阿耨达山，又云闷摩黎山，又名腾乞里塔，又名麻山，又名枯尔坤，其实皆一名也。"

魏源《海国图志》中说："俄罗斯跨此岭东西焉，其岭所连诸山皆葱岭西北之干，蜿蜒回环，千曲百折，以抵海滨。信乎。葱岭之大雪山为古昆仑，巍为群山之祖也。"葱岭为今帕米尔高原，上面的大雪山就是新疆的天山。

七为青海西宁说。《汉书·地理志》中说："金城郡临羌，西北塞外，有西王母石室，西有弱水，昆仑山祠。"汉代置临羌县，将军赵充国曾在这儿屯田。城靠近湟水南岸，青海额鲁特蒙古及阿里克等四十姓土司在这儿与汉人进行贸易，是当时西边的一个大城市。王充《论衡·恢国》中说："孝平元始四年（公元四年）金城塞外羌献其鱼盐之地，愿内属，汉遂得西王母石室，因以为西海郡。"郑玄注解《禹贡》中的织皮昆仑，称之为西方的戎人，马融则说昆仑在临羌西，是一个种族的名称。《汉书·地理志》提及了西王母、弱水、昆仑山祠，而没有说其地有哪座山可以称为昆仑。但既然境内有弱水，那么也有一座小山称为昆仑，而上面有一座祠堂就称为昆仑山祠。

八为新疆喀喇科龙山说。张星烺在《中西交通史料汇编》引用夏德所著《中国古代历史》的资料说，和阗南部有喀喇科龙山，其音与昆仑很相近。

九为西藏冈底斯山说。《大清一统志》中说："西藏有冈底斯山，在阿里之达克喇城东北三百一十里，其山高五百五十余丈，周一百四十余里，四面峰峦陡绝，高出乎众山者百余丈。积雪如悬崖，皓然洁白，顶上百泉流注，至山麓即伏流地中，前后环绕诸山，皆版岩峭峻，奇峰拱列，即阿耨达山也。"康熙中期，西藏有大喇嘛来到京城，说昆仑其实在西藏境内，即冈底斯山。清廷特别派使者同喇嘛一起去，绘制西藏青海地图回奏，认为与昆仑相符合，因而康熙赐封此山为昆仑。但康熙曾经定巴颜喀喇山为昆仑，后面又定为冈底斯山，两者是矛盾的。有学者干脆采取折中的说法，认冈底斯为大昆仑，巴颜喀喇为小昆仑。蒋廷锡《尚书地理今释》是这种说法的代表。

十为岷山说。《海内经》与《淮南子·形训》这些古文献

都不约而同提到"都广"和"建木"两个词。明代杨慎在《山海经补注》中说："黑水都广，今之成都也。"蒙文通先生认为："若水即后之雅砻江，若水之东即雅砻江之东，在雅砻江上源之东、黄河之南之昆仑，自非岷山莫属。是昆仑为岷山之高峰。……昆仑既为蜀山，亦与蜀王有关。《大传》、《淮南》皆以昆仑为中央，与《禹本纪》、《山海经》说昆仑、都广为中央之义合……盖都广在成都平原而岷山即矗立成都平原侧也。"对此，著名学者邓少琴亦称，岷山是昆仑之一臂，"岷山导江，东别为沱，于《禹贡》仅一见之，于殷墟甲文亦未之见。"

十一为阿富汗兴都库什山之大雪山说。《元史·郭宝玉传》记载："帝驻大雪山前，时谷中雪深二丈。诏封其昆仑山为元极王，大盐池为惠济王。"成吉思汗在西域用兵的时候，经常把部队驻扎在雪山以避暑。长春真人丘处机在《西游记》中说："是年闰十二月将终，有侦骑回报言：上驻跸大雪山之东南，今则雪积山门百余里，深不可行。"丘处机在元太祖十六年到达成吉思汗在大雪山的行宫，第二年随车驾在大雪山避暑。这个地方就是八鲁湾。八鲁湾属于兴都库什山系，山势十分高峻，雪终年不消，因而有大雪山之名。元太祖封此山为元极王，认为此山就是昆仑山。五十七年后，元世祖忽必烈又命令都实探索河源，以阿尼马卿为昆仑山。不知当时的元代朝廷何以处置成吉思汗所封的大雪山。但因为历来有大小昆仑山的说法，只用区别大小就可以了。也许元朝采取的也是这种折中的方法。

其他关于昆仑山地理位置考据的观点也很多。近代以来对昆仑的研究更加繁荣。如顾实说昆仑在波斯，丁谦、刘师培说昆仑在伊拉克迦勒底。这些观点的差异之大，可谓空前。但它们却有一个共同特点，即都把昆仑指在西方。直到1985年，何幼琦先生发表《海经新探》一文，提出昆仑在东方的观点，具体说即认为古昆仑就是泰山。此说也可称为泰山说。

本书下面主要根据《山海经》中对于昆仑山的描述来判定昆仑山所在的位置。

《西山经》对昆仑山的记载最为详尽。再往西北四再二十里，是座钟山。钟山山神的儿子叫做鼓，鼓时形貌是人的脸面，龙的身子，他曾和钦䥽神联手在昆仑山南面杀死天神葆江，天帝因此将鼓与钦䥽诛杀在钟山东面一个叫瑶崖的地方。这槐江山确实可以说是天帝悬在半空的园圃，由天神英招主管着，而天神英招的形状是马的身子，人的面孔，身上长有老虎的斑纹和禽鸟的翅膀，巡行四海而传布天帝的旨命，发出的声音如同用辘轳抽水。在山上向南可以望见昆仑山，那里火光熊熊，气势恢宏。向西可以望见大泽，那里是后稷死后埋葬之地。

往西南四百里，是座昆仑山，这里确实是天帝在下界的都邑，天神陆吾主管它。这位天神的形貌是老虎的身子却有九条尾巴，一副人的面孔可长着老虎的爪子，这个神主管天上的九部和天帝苑圃的时节。山中有一种野兽，形状像普通的羊却长着四只角，名叫土蝼，是能吃人的。山中有一种禽鸟，形状像一般的蜜蜂，大小与鸳鸯差不多，名叫钦原，这种钦原鸟刺螫其他鸟兽就会使它们死去，刺螫树木就会使树木枯死。山中还有另一种禽鸟，名叫鹑鸟，它主管天帝日常生活中各种器用服饰。山中又有一种树木，形状像普通的棠梨树，却开着黄色的花朵并结出红色的果实，味道像李子却没有核，名叫沙棠，可以用来辟水，人吃了它就能漂浮不沉。山中还有一种草，名叫蓣草，形状很像葵菜，但味道与葱相似，吃了它就能使人解除烦恼忧愁。河水从这座山发源，然后向南流而东转注入无达山。赤水发源于这座山，然后向东南流入汜天水。洋水也发源于这座山，然后向西南流入丑涂水。黑水也发源于这座山，然后向西流到大杆山。这座山中有许多奇怪的鸟兽。

《海外南经》记载，昆仑山在它的东面，山基呈四方形。另一种说法认为昆仑山在反舌国的东面，山基向四方延伸。羿与凿齿在寿华的荒野交战厮杀，羿射死了凿齿。地方就在昆仑山的东面。

《海外北经》记载，大禹杀死了相柳氏，血流过的地方发出腥臭味，不能种植五谷。大禹挖填这地方，多次填满而多次蹋陷下去，于是大禹便把挖掘出来的泥土为众帝修造了帝台。这帝台在昆仑山的北面，柔利国的东面。

《海外西经》记载，流沙的发源地在钟山，向西流动而再朝南流过昆仑山，继续往西南流入大海，直到黑水山。东胡在大泽东。

《海内西经》记载，海内的昆仑山，屹立在西北方，是天帝在下方的都城。昆仑山，方圆八百里，高一万仞。山顶有一棵像大树似的稻谷，高达五寻，粗细需五人合抱。昆仑山的每一面有九眼井，每眼井都有用玉石制成的围栏。昆仑山的每一面有九道门，而每道门都由称作开明的神兽守卫着，是众多天神聚集的地方。众天神聚集的地方在八方山岩之间，赤水的岸边，不是具有像夷羿那样本领的人就不能攀上那些山冈岩石。

赤水从昆仑山的东南角发源，然后流到昆仑山的东北方，又转向西南流而注到南海厌火国的东边。河水从昆仑山的东北角发源，然后流到昆仑山的北面，再折向西南流入渤海，又流出海外，就此向西而后往北流，一直流入大禹所疏导过的积石山。洋水、黑水从昆仑山的西北角发源，然后折向东方，朝东流去，再折向东北方，又朝南流人大海，直到羽民国南面的弱水。青水从昆仑山的西南角发源，然后折向东方，朝北流去，再折向西南方，又流经毕方鸟所在地的东面。

昆仑山的南面有一个深三百仞的渊潭。开明神兽的身子大小像老虎，却长着九个脑袋，九个脑袋都是人一样的面孔，朝东立在昆仑山顶。

《海内北经》记载，西王母靠倚着小桌案而头戴玉胜。在西王母的南面有三只勇猛善飞的青鸟，正在为西王母觅取食物。西王母和三青鸟的所在地是在昆仑山的北面。帝尧台、帝喾台、帝丹朱台、帝舜台，各自有两座台，每座台都是四方形，在昆仑山的东北面。昆仑山南面的地方，有一片方圆三百里的氾林。

《海内东经》记载，在流沙中的国家有埻端国、玺唤国，都在昆仑山的东南面。另一种说法认为埻端国和玺唤，国是在海内建置的郡，不把它们称为郡县，是因为处在流沙中的缘故。

2082

在流沙以外的国家，有大夏国、竖沙国、居繇国、月支国。

西胡的白玉山国在大夏国的东面，苍梧国在白玉山国的西南面，都在流沙的西面，昆仑山的东南面。昆仑山位于西胡所在地的西面。总的位置都在西北方。

在西海的南面，流沙的边沿，赤水的后面，黑水的前面，屹立着一座大山，就是昆仑山。有一个神人，长着人的面孔、老虎的身子，尾巴有花纹，而尾巴上尽是白色斑点，住在这座昆仑山上。昆仑山下有条弱水汇聚的深渊环绕着它，深渊的外边有座炎火山，一投进东西就燃烧起来。有人头上戴着玉制首饰，满口的老虎牙齿，有一条豹子似的尾巴，在洞穴中居住，名叫西王母。这座山拥有世上的各种东西。

整理上面《山海经》提供的昆仑山资料，并把昆仑山调整成地理坐标的中心，则相应地描述如下：昆仑山火光熊熊，气势恢宏。昆仑山的北面有一个西海，昆仑山在流沙的边沿，前面有赤水，后面有黑水。昆仑山的南面有一个深三百仞的渊潭，这条弱水汇聚的深渊环绕着它。深渊的外边有座炎火山，一投进东西就燃烧起来。有人头上戴着玉制首饰，满口的老虎牙齿，有一条豹子似的尾巴，在洞穴中居住，名叫西王母。西王母和三青鸟的所在地是在昆仑山的北面。

在昆仑山的西北面是槐江山，是天帝悬在半空的园圃。槐江山向西可以望见大泽，那里是后稷死后埋葬之地。另一种说法认为反舌国在昆仑山的西面。羿与凿齿交战的寿华的荒野就在昆仑山的东面。大禹为众帝修造了帝台，这帝台在昆仑山的北面。帝尧台、帝喾台、帝丹朱台、帝舜台，各自有两座台，每座台都是四方形，在昆仑山的东北面。

在流沙中的国家有埻端国、玺唤国，都在昆仑山的东南面。在流沙以外的国家，有大夏国、竖沙国、居繇国、月支国。西胡的白玉山在大夏国的东面，苍梧国在白玉山国的西南面，都在流沙的西面，昆仑山的东南面。昆仑山位于西胡所在地的西面。总的位置都在西北方。

流沙的发源地在钟山，向西流动而再朝南流过昆仑山，继续往西南流入大海，直到黑水山。东胡在大泽东。赤水从昆仑山的东南角发源，然后流到昆仑山的东北方，又转向西南流而注到南海厌火国的东边。河水从昆仑山的东北角发源，然后流到昆仑山的北面，再折向西南流入渤海，又流出海外，就此向西而后往北流，一直流入大禹所疏导过的积石山。洋水、黑水从昆仑山的西北角发源，然后折向东方，朝东流去，再折向东北方，又朝南流人大海，直到羽民国南面的弱水。青水从昆仑山的西南角发源，然后折向东方，朝北流去，再折向西南方，又流经毕方鸟所在地的东面。

从《山海经》描述的地理位置来看，昆仑山在中华大地的西北部，大致位置在青海与甘肃的交接处，而具体位置无疑在敦煌附近，部分已经深入古代西域地区。酒泉南山说是相对可信的。

三危山又名卑羽山，在敦煌市东南 25 公里处，绵延 60 公里，主峰在莫高窟对面，三峰危峙，故名三危。"三危"是史书记载中最早的敦煌地名。《尚书·舜典》记载："窜三苗于三危"。传说西王母的使者三青鸟就栖息在三危山。

《北山经》记载，敦薨水从这座山发源，然后向西流入渤泽。渤泽位于昆仑山的东北角。有人认为敦煌可能是月氏族的译音。也有人认为敦煌可能是在《山海经》中被译为"敦薨"的吐火罗人，敦煌以前可能就叫"敦薨"。

根据西海在昆仑山北面的描述，西海不是今日的西海湖，而是古代的居延海。"昆仑之丘"即祁连山，如果由东向西行，祁连山正在流沙（腾格里沙漠和巴丹吉林沙漠）之滨，赤水（大通河）之后，黑水（党河）之前，那么祁连山北面的"西海"自然就是弱水（今额济纳河）流入的居延海了。居延海在今内蒙古额济纳旗北境，弱水（今额济纳河）自张掖北来，至下游分为东河、西河等河，汇聚于此。汉称居延泽，魏晋一名西海，唐以后通称居延海，本为一湖，位于汉居延城东北，狭长弯曲，形如初月。东汉建安时置西海郡，治所就在居延（今内蒙古额济纳旗东南），辖境约当今居延海附近一带。据《海内经》记载，西海之内，流沙之中，有国家称为壑市。西海之内，流沙之西，有国家称为氾叶。这里用"西海"和"流沙"来确定一个国家的位置，可见二者相距很近，这也说明了"西海"就是靠近腾格里沙漠和巴丹吉林沙漠的居延海。

昆仑山如果为六条河流的源头，则可以肯定是常年积雪的大雪山，当为祁连山脉某座靠近酒泉的山峰，但也不一定指而今推测的祁连山主峰。根据对昆仑山火光熊熊，以及旁边西王母居住的炎火山，一投进东西就燃烧起来的情况表明，昆仑山与炎山当时都是活动的火山，有熔岩沸腾。而昆仑虚四方的描述，极有可能是指山顶喷射过的火山口，在远处看来就是方的。昆仑上的宫殿在险要之处，当早已坍塌泯灭。昆仑山宫殿前种植了许多木禾，也就是今日的薏米。

判断某山是否为昆仑山，还有另外重要的辅助证据。昆仑山建有天帝的御苑。《海内西经》记载："开明北有视肉、珠树、文玉树、玗琪树、不死树，凤皇、鸾鸟皆戴蒇，又有离朱、木禾、柏树、甘水、圣木曼兑。一日挺木牙交。"视肉即肉灵芝，又叫太岁，是粘菌复合体。珠树、文玉树、玗琪树是天然形成的树状玉石。不死松又名龙血树，因其茎干肤色灰青，斑驳栉比状如龙鳞，而且又可分泌出鲜红的汁液，故而得其美名。

鸾鸟是古代传说中凤凰一类的神鸟。凤凰的原型接近于自然界的孔雀。离朱应该是太阳神鸟的原型，原型接近现有的雉类。木禾指的是薏米。圣木曼兑或挺木牙交应指即璇树，即传说中的赤玉树。这些东西作为当初的御苑组成部分，或者天帝的陪葬物，在真正的昆仑山上应该是能找到的。如果能在祁连山的某座主峰上找到昆仑圣殿的遗迹，以至于能找到天帝御苑中的这些圣物的痕迹，就基本能证明酒泉南山说是可能的了。

异兽：《鲲（kūn）鹏》庄子说有一种大鸟叫鹏，是从一种叫做鲲的大鱼变来的。传说有一大鱼名曰鲲，长不知几里，宽不知几里，一日冲入云霄，变做一大鸟可飞数万里，名曰鹏。

异兽：《蠃鱼》蠃鱼生长在邽山的洋水里。鱼有双翼，叫声犹如鸳鸯。平时轻易不出现，一旦在哪里出现，哪里就要发大水。在渭水河里。

第三十一卷　先夏时期华夏文明纪年表

　　我们中国人经常说，中华文明上下五千年。但是，这种说法只是概而言之，并不具有中国历史纪年性质。客观地说，中华文明的历史非常古远，少说也在数万年之久；根据出土文物来看，至少在八九千年前，我国许多地方已经有着高度发达的文明（包括器具制造、居住地建筑物和文化活动）。中华民族的文明史从人类诞生到今天就始终一脉相承没有断绝。

　　但是，由于远古人缺少记录大尺度时间的能力，因此远古的文明事件未能用文字或者其他可验证的手段记录下来。而且，远古人的文字资料，由于种种原因而失传（包括密藏或者文字载体毁坏）。其中最著名的事件发生在公元前516年，这一年深秋，王子朝在争夺周王室继位中失败，他携带周室典籍投奔楚国，定居在今日河南省南阳一带，这批珍贵的历史文献从此失传，中国历史的古远纪年也就失去了文献依据。

已有历史纪年表的缺陷

目前，中华文明历史纪年的元年，主要有如下几种：

其一，公元前 841 年，系东周的共和元年。

其二，近年夏商周断代工程确立的纪年：夏朝，公元前 2070～前 1600 年；商朝，公元前 1601～前 1050 年；周朝，公元前 1501～前 776 年。

其三，《汶川县旅游发展总体规划》称，相传大禹于公元前 2297 年农历六月初六，诞生在绵池镇石纽山刳儿坪。

其四，根据历史文献推算，黄帝元年为公元前 2697 年或 2698 年。

其五，互联网上有文《人类文明探源工程：伏羲朝、炎帝朝、黄帝朝年代表》称，伏羲元年为公元前 64430 年，女娲元年为公元前 63314 年，共工等十四世在公元前 62513 年至公元前 6549 年之间，炎帝十世在公元前 6548 年至公元前 6009 年，黄帝元年为公元前 6008 年，传十世，共计 2520 年。

不难看出，其一、其二这两个纪年元年，时间尺度偏短。其三、其四这两个纪年元年，时间尺度虽然略有增加，但是依据有所不足，主要是缺少相关客观信息的支持。其五纪年的主

山海经

要依据是《易稽览图》里的说法："甲寅伏羲氏，至无怀氏，五万七千八百八十二年。神农五百四十年。黄帝一千五百二十年。少昊四百年。颛顼五百年。帝喾三百五十年。尧一百年。舜五十年。禹四百三十一年。殷四百九十六年。周八百六十七年。秦五十年。"问题是，在远古曾经有过"万邦林立"的时期，各族群并存于世，彼此之间并非简单的单一的直线承继关系。显然，上述纪年都是不能令人满意的。

有鉴于此，我们需要从新的角度来思考和解决问题，并建议根据龙凤文化与天文历法学和气候学的关系，以及其他各种来自远古的信息和客观的相关信息（例如考古发掘的文化遗址文物），去确定中华文明各个族群所发生的重大事件的时间，并以这些比较准确和客观的时间为相应族群的纪年元年，重构出中华文明先夏史纪年表。

重构先夏史纪年表

中华文明先夏史纪年表如下：

第一阶段：人类（直立人）诞生暨发明用火、穿衣打扮时期

1. 火把氏（300 万 ~ 200 万年前）

直立人与直立猿的第一个区别在于直立人开始使用火，并由此而导致人类彻底直立起来，以及智力的进一步发展。因此，第一个举起火把的人，可以命名为"火把氏"。能否使用火是判断是否人类的最主要标准，目前已知最早使用火的人是五六十万年前生活在北京周口店的北京人。笔者研究发现，居住在桑干河流域大同火山群附近的大同火山人（其已知代表即阳原泥河湾人），用火时间可能比北京人还要早数十万年或更长的时间，约在 300 万 ~ 200 万年前，那里才是诞生人类的温床。

2. 皮草氏（200 万 ~ 100 万年前）

直立人与直立猿的第二个区别在于直立人开始穿衣，并由此而导致体毛开始退化，以及智力的进一步发展。因此，第一个发明穿衣的人，可以命名为"皮草氏"。火的长期使用，促使人类形成对火的依赖，为了在雨天出行保护火把不熄灭，由此开始制作防雨材料，并进一步发明衣服，既可御寒，也可御热（避免火烤伤），从而导致人类的体毛逐渐退化。有了保护火种的技术，人类就可以迁徙到离开自然火源（大同火山群）稍远一些的地方。关于人类发明穿衣的时间，目前尚无出土实物来判定，笔者暂定在 200 万—100 万年前，实际发生时间也可能晚一些。

3. 化装氏（100 万 ~ 20 万年前）

直立人与直立猿的第三个区别在于直立人开始化装，并由此导致体毛彻底退化，以及智力的进一步发展。因此，第一个发明化装自己的人，可以命名为"化装氏"。根据智因设计进化论，许多动物都有化装（包括伪装、拟态）自己的能力，人类与动物的区别在于，动物化装自己的主体是基因（实际上是 DNA 智力系统），而人类化装自己的主体是大脑（即神经元智力系统）。自从人类发明穿衣之后，人类就发现不同的服装具有不同的展示作用，于是人们就开始有意识地尝试着用各种材料和各种技术手段来装扮自己。这种行为进一步促进体毛的彻底退化，并且发展出各种新的技术手段，这为后来发明人造住宅技术和钻木取火技术提供了技术储备。与此同时，这也促进了人类思维的不断复杂化，为日后巫术（内含科学和文化）的形成提供了思想储备。

直立人经过火把氏、穿衣氏、化装氏三个发展阶段，其体貌发生了脱胎换骨的变化，其大脑智力也发生了飞跃式变化，

直至发展成为与今天人类没有什么差别的智行人。

有必要指出的是，刚刚举起火把的直立人，其外貌和大脑智力水平与直立猿并没有太大的差异，仍然是浑身长毛，直立行走或半直立行走，脑容量相差也不多，行为方式也接近，这正是学术界长期把直立人与直立猿混为一谈的主要原因所在。但是，自从直立人举起火把之后，直立人的智力水平（由神经元智力系统控制）就开始持续提高，直立人的体貌（由 DNA 智力系统控制）也开始配合智力水平提高而发生着相应的变化。其主要表现是，彻底直立行走，头骨扩张、脑容量增加，体毛基本退化，头发变长，男性胡须变长，女性骨盆加宽，婴幼儿生长期延长，手指更加灵巧，牙齿及其周边结构更趋近现在的人类，面部表情进一步丰富，发音器官更适合发出复杂的音节和声调，神经元智力系统从条件反射思维发展出因果关系思维，面部识别能力进一步提高，而嗅觉则有所退化。

随着直立人的人口增加，直立人开始从发源地向外扩张迁徙。但是，人类大规模的迁徙活动，发生在智行人阶段。当智行人迁徙到新的居住地之后，由于定居地的自然环境差异，智行人的体貌（主要是肤色、鼻骨、头骨等）也出现了差异性变化，并形成了四大种群，即黄种人、黑种人、白种人、红种人，这时的人类可称之为种群人。

第二阶段：远古三氏（智行人、信息人）文明时期（20 万—7 万年前）

智行人的体貌与今天的人类已经没有什么大的区别，他们的智力水平已经非常接近今天的人类，其标志就是脑容量的扩张基本完成，剩下的只是经验和知识的积累。中华民族最早记忆中的远古三氏即有巢氏、燧人氏、盘古氏，他们代表着智行人的三个发展阶段，此后人类才进入具有历史纪年性质的三皇五帝时期。关于人类发明人造建筑、人工取火技术和萌生历史意识的时间，笔者暂定在 20 万—7 万年前，实际发生时间可能更早。

1. 有巢氏

发明人造居住建筑物，架木为巢，把若干木棍上端架在一起，外面用草、树叶、兽皮包裹起来，防雨防风、保护火源，这标志着人类活动范围在扩展。此前人类居住在天然洞穴里，从此可以远距离迁徙到没有天然山洞的地方。由于用火，为了排烟（避免有毒气体危害），需要选择具有自然通风功能的洞穴，或者人造通风结构。与此同时，为了筑巢，开始伐木，加工木材，并制作相应的工具。

2. 燧人氏

发明人工取火技术，这标志着人类活动范围可以进一步扩展。在钻木取火的同时，也发展出钻孔的专用工具，这为首饰加工及其机械提供了技术准备。为了迁徙，开始制造渡水器具，例如独木舟、木筏、绳索。

3. 盘古氏

盘古开天故事，实际上标志着人类开始萌生历史意识，有制度的传说信息始于此，人类对古老年代的记忆可以追溯到这

一时期。人类萌生历史意识，其重要前提是词汇量必须达到相当多的程度（已知人类发声器官进化的情况大约出现在 7 万年前），只有这样才能表达复杂和丰富的信息内容。当人类拥有历史意识之后，历史经验的积累就会更多，这又直接促使着结绳记事、图案和文字的发明。

第三阶段：三皇文明时期（70000～15000 年前）

1. 女娲氏

正是由于有了历史记忆，才会发现婚姻禁忌。女娲造人的传说，实际上是制定婚姻规范，禁止同族男女之间的性行为，此举可提高后代健康质量。女娲补天传说的背景，实际上是火烧五色石制作颜料，用于绘身（促使体毛进一步退化）、美化居住地、巫术祈祷等。这是陶器、冶金发明前的技术准备阶段。此前，为了保存和运输火种，人们在草编的容器外涂抹泥浆制成存放火种的容器，这也是促成陶器发明的重要因素。相传女娲为风姓，风与凤相通，据此推测其后裔即少利暤（以凤凰为主图腾）。再以后，其族裔还有风后（黄帝臣）。

2. 伏羲氏

发明结绳记事，其符号信息载体称为八索，并由此发展出八卦抽象符号，并推动了文字的产生（"三坟"是泥版载体、"五典"是竹木载体，"八索"是结绳记事，"九丘"是实物模型，可惜这些文字信息载体均不易保存）。发明渔猎工具（网、弓箭），开始驯化、饲养家畜。开始观测星空，这是天文历法的前期技术准备阶段。众所周知，灿烂的星空是启迪人类神经元智力系统的指路航灯。对比之下，由于亮度高的恒星主要集中在北半球，北极星和北斗星的最佳观测位置也是在北半球的中高纬度地区，因此天文历法的发祥地也是在北纬30—40度一带。在古史传说里伏羲氏与太昊（大皞）经常混为一谈，这表明伏羲氏的后裔有大皞。

3. 神农氏

发明农业，起源于放火烧山捕猎，从鼠洞里残留的野谷得到启发（草药的发明，实际上是从动物那里继承下来并进一步发展起来的）。为了加工谷物，开始制造炊具，例如石磨盘、陶器等。由于男性是农业的主力，男性的社会地位得到提高，母系社会开始让位给父系社会。在古史传说里神农氏与炎帝经常混为一谈，这表明神农氏的后裔有炎帝；由于炎帝又与赤帝相混淆，因此神农氏的后裔还应包括赤帝（蚩尤）。

第四阶段：五帝族群前古国时期（公元前 13000～前 5416 年）

黄帝、炎帝、赤帝（蚩尤）、大皞、少皞，他们都是拥有领地和势力范围的部落联盟，并且逐渐形成最早的国家（简称前古国）。此阶段的文化和技术成果，主要包括历法、文字、宗教，以及纺织技术和玉石加工技术，中国人这时已经创造并使用钻床、车床、镗床、刨床、锯床等一整套加工工具（参阅柳志青、柳翔《人类工业源于中华》等文）。

1. 炎帝朝代女娃东海纪年元年为公元前 13000 年。

2. 黄帝、炎帝战争纪年在公元前 13000～前 5416 年间。

3. 赤帝（蚩尤、共工）族纪年在公元前 7000 ～前 5800 年间。

4. 炎帝朝代精卫元年在公元前 5416 年。

5. 大皥、少皥纪年的起始时间早于帝尧朝代洪水元年。

6. 黄帝与蚩尤第一次丝绸战争在公元前 4000 ～前 2300 年间。

7. 炎帝红山女神庙纪年公元前 3000 年。

第五阶段：先夏古国时期（公元前 5416 ～前 2070 年）

从五帝前古国时期到夏朝之前，文明不断发展，人口不断增加，人类活动范围越来越广阔，从而出现万邦林立、万国并存现象，可以称之为先夏古国时期。此阶段的文化和技术成果，主要表现在地方区域的社会管理制度的进一步完善、城池的建造、人造光源、牛耕技术、水利工程技术、大地测量技术、天文精密观测，以及青铜器的出现。

1. 帝尧朝代洪水元年为公元前 5416 年。

2. 帝舜（帝俊）朝代烛光元年在公元前 5000 ～前 4000 年。

3. 帝颛顼朝代约在公元前 4500 年。

4. 帝舜朝代流放四族（共工、讙兜、三苗、鲧）纪年，大约在公元前 4000 年左右。

5. 帝禹（帝台）朝代的众帝之台纪年大约在公元前 3500 ～前 2500 年间。

6. 帝禹朝代国土资源考察纪年元年为公元前 2216 年。

7. 帝喾、盘瓠、帝丹朱、后稷、契、益，暂缺。

　　有关上述纪年的论证和说明见下文。不难看出，这份中华文明纪年表，最突出的特点就是以历史事件可能发生的时间为纪年参数。接下来，以上述这些已知事件发生的时间段为基准，再对照其他远古神话传说和出土文物的关系，就可以逐步构建出更加完整的中国先夏史来。值得注意的是，黄帝与蚩尤第一次丝绸战争发生的时间段，以及炎帝女神庙存在的时间段，是与帝尧朝代、帝舜朝代、帝禹朝代相互重叠的，这就表明他们实际上是并存的族群和古国，而这可能更符合历史的真实。

帝尧朝代的洪水纪年

1. 尧是烧陶部落

尧，繁体字为嘉，像是在有支架的平台上摆放着土制的东西，显然这正是烧制陶器的象形。尧的发音与窑相同，烧的繁体字是烧，浇的繁体字是浇，其本意均与烧制陶器有关；而尧又正巧称"陶唐氏"（唐通塘、膛、堂，意思是放东西的空间）、号"放勋"（意思是用火熏东西），显然表明尧是以烧陶而著名的部落，而且是因为烧陶技术水平高才崛起的。其关，我国民间早就知道尧是烧陶的部落，因此烧 陶业才会把尧帝也列入祖师爷之一。

根据唐县网站介绍：据境内明伏、西下素、钓鱼台等沿唐河两岸出土的石刀、石斧、陶片及 2 米以上文化层分析认定，这里早在六七千年以前就有人类聚居活动，属仰韶文化遗址。相传公元前 2377 年农历二月初二日，尧帝放勋诞生于今唐县尧山（即顺平县之伊祁山），伊祁为姓。公元前 2360 年，帝尧放勋被封为唐侯，治所阳邑（今固城，一说在长古城），亦称唐，即在唐县境内，称古唐侯国。公元前 2353 年其兄帝挚（少皞）将帝位让给尧，也是在唐县举办的"禅让"仪式，并在伏城建都城，后因水患，由此地赴平阳（今山西省临汾西）执帝位。虞舜执政后，将尧子丹朱封为唐侯，治所鸿郎城（今洪城）。

此外，山西省临汾市（古称平阳）亦有尧都、尧庙、尧陵名胜。尧庙位于临汾市区南 3 千米处。相传尧建都平阳（今临汾市），有功于民，庙是后人为祭祀尧王所建。创建年代已无可考。现存建筑原为清代遗物。前有山门，内有围廊、牌坊、五凤楼、尧井亭、广运殿、寝宫等建筑。尧王及其四大臣被喻为"五凤"。"一风升天，四凤共鸣"，五凤楼就因此得名。尧井相传为尧所掘，为记其功，上筑一亭。广运殿是供奉尧王的主殿，高达 27 米，殿宇四周设环廊，42 根石柱，柱础雕刻工精，殿内金柱子肥硕，直通上层檐下，础石上云龙盘绕。龛内塑有尧王像及其侍从。庙内存有碑碣 10 余通，记载尧王功绩及庙宇建造经过。广运殿 1998 年毁于大火，后于 1999 年重建。

2. 尧朝洪水元年为公元前 5416 年

众所周知，帝尧时期发生的重大自然事件之一是洪水"怀山襄陵"。《史记·五帝本纪》记有："尧曰：嗟，四岳，汤汤洪水滔天，浩浩怀山襄陵，下民其忧，有能使治者？"谨兜推荐共工可以治水，被帝尧否定；四岳推荐鲧可以治水，帝尧虽然不满意但仍然接受了。

由于帝尧所在地位于太行山区，能够"浩浩怀山襄陵"的洪水，显然并非一般的雨水，而是与大规模的海侵事件有关。我们知道，公元前 10000 年前左右，全球气候寒冷，海平面下降约 100 米，当时的渤海成为陆地；此后，全球气温转暖，海平面逐渐上升，渤海又重新出现（沧海桑田的传说即源于此），

而且范围比今日还要广阔。根据 1984 年 6 月第一版的《中国自然地理图集》第 111 页"华北平原的成长"图，可知渤海的海平面在 7400 年前达到最高点，当时渤海的海岸线西侵至今日太行山脚一带。因此，这个时间可以作为帝尧洪水纪年的气候学证据，亦即帝尧洪水纪年元年为公元前 5416 年（1984 年之前的 7400 年）。

3. 帝尧恒星纪年的天文学证据

帝尧时期的天文观测和历法制定，已经具有一定的科学水准。当时的天文学家，通过观测鸟、火、虚、昴四颗恒星，来确定春夏秋冬四季。其中，《书·尧典》的"日中星鸟"，孔传："鸟，南方朱鸟七宿。"《书·尧典》的"日永星火"，这里的"火"星指恒星大火，亦即二十八宿的心宿（苍龙星座之心）。根据天文学的岁差原理，可推算出尧典四星的观测时间发生在公元前 5000 年前至公元前 6000 年前之间，可称之为尧朝"四星元年"。

值得注意的是，根据《山海经》、《史记》、《淮南子》等古籍和流传在民间的远古神话传说，在中华民族的记忆中，帝尧时代还出现过两件非同小可的自然灾变，一是"洪水滔天"，二是"十日并出"。许多学者都相信，帝尧时代的洪水泛滥，以及共工振滔洪水、精卫填海等传说，均与第四纪最后一次冰川结束后的气温上升所导致的海岸线西侵变化有关。

炎帝朝代的女娃纪年

1. 炎帝朝代的重大事件

炎帝朝代是中国先夏时期非常重要的一段历史。事实上，司马迁撰写《史记》，就是从炎帝开始叙述的。遗憾的是，由于史料文献遗失，司马迁未能给出炎帝朝代的纪年元年究竟在哪一年。在这种情况下，我们只能根据炎帝朝代发生的重大历史事件，来寻找并确定炎帝朝代的若干事件的纪年。炎帝朝代发生的大事主要有：

其一，发明刀耕火种式农业、发现草药，该过程有着老鼠等动物的参与，有兴趣的读者可参阅《老鼠与农业的发明》一文（文史杂志 2005 年第 5 期）。其二，发明烟道通风排烟技术，这是非常重要的发明，大大减少和避免了煤气中毒，有助于提高灶的燃烧效率，而且为烧陶和冶金的发展提供了技术储备。其三，炎帝与蚩尤、黄帝的战争。其四，炎帝少女女娃游于东海。其五，女娃化作精卫填海。需要说明的是，上述事件发生的时间，前后可能有着很长的时间间隔；在不同时间段，号称炎帝的人，可能并不是同一个人。

2. 炎帝朝代女娃东海纪年元年公元前 13000 年

纵观上述炎帝朝代重大事件不难看出，发明农业、解决通风排烟问题，都不是一朝一夕的事情，因此难以据此确定炎帝朝代的纪年。关于炎帝与蚩尤、黄帝的战争，鉴于至今尚未能从相应的古战场发掘出能够确定年代时间的出土文物；在寄希望于考古新发现的同时，我们可以先从炎帝朝代女娃部落的活动来判断其发生的时间。

前文指出，精卫填海和愚公移山的故事，都属于先夏时期洪水泛滥及其治水故事系列。因此，如果说帝尧朝代洪水纪年元年是公元前 5416 年，那么炎帝朝代精卫元年也可以确定在公元前 5416 年。

《山海经·五藏山经·北山经》记有："又北二百里，曰发鸠之山，其上多柘木。有鸟焉，其状如乌，文首、白喙、赤足，名曰精卫，其鸣自詨。是炎帝之少女名曰女娃，女娃游于东海，溺而不返；故为精卫，常衔西山之木石，以堙于东海。漳水出焉，东流注于河。"

在华夏民族的古老记忆里，炎帝有三种身份。其一是夏季之帝，《礼记·月令》："孟夏之月，其帝炎帝，其神祝融。"其二是神农，即农作物和草药的发明者。其三是与黄帝争夺天下的部落联盟首领，即此处的炎帝及其少女女娃。

大约在一万年前，由于海平面比今日低数十米到上百米，我国渤海的全部以及黄海、东海的大陆架均为陆地。所谓"女娃游于东海"，即炎帝族的一支嫡系部落向东部拓疆，迁徙到当时的海边居住。所谓"溺而不返"，是说由于气候变暖，海

平面上升，女娲部落遭到灭顶之灾。所谓"故为精卫"云云，是说女娲部落的幸存者退到太行山脉居住，她们装扮成精卫鸟，举行巫术仪式，将太行山的木石象征性地投入东海，以期将海水堙平，恢复往日的美好家园。事实上，炎帝族与黄帝族的长期战争和冲突，正是在上述海侵事件导致的生存地域减缩的大环境变迁的基础上展开的。

有鉴于此，我们可以根据一万多年前海平面降到最低点的时间，来确定炎帝朝代女娲东海纪年的元年。《从黄岩洞石器工具论中国之中石器时代的若干问题》一文指出："更新世晚期（距今 10 万 ~ 1 万年前）全球进入最后一次冰期，我国为大理冰期。当时，年平均气温大幅度下降，我国东部和日本气温下降摄氏 7—8℃。距今 2—1 万多年前，冰川性海面下降达最高峰，海平面比现在海平面下降 132 米左右。我国东海海面下降最大数大于 130 米，大陆架边沿线已撤到了当今水深 158—160 米地带。C_{14} 测定最低海平面的出现为距今 1.5 万年前。当时，不仅平均水深 18 米的渤海和平均水深 44 米的黄海是一片坦荡的平原，就连水深较大的东海和南海也分别有 1/2 和 1/3 以上的海区出露成陆。"据此可知，炎帝朝代女娲东海纪年元年为公元前 13000 年。

接下来，我们还可以进一步推论，黄帝族与炎帝族的战争，应该发生在公元前 13000 年至公元前 5416 年之间。这是因为，在公元前 13000 年前，处于海平面持续下降和海岸线持续东退的时间段，沿海陆地面积不断在扩大，人类生存环境也在不断增加，因此，在这个阶段不同族群之间没有必要发生旷日持久

2106

的对立和战争。对比之下，公元前 13000 年至公元前 5416 年之间，则处于海平面持续上升和海岸线持续西进的时间段，沿海陆地面积不断在缩小，人类生存环境也在不断缩小，因此在这个阶段不同族群之间为了争夺生存空间很有可能发生旷日持久的对立和战争。此后，海平面开始下降，陆地面积又重新开始增加，人类生存空间也随之增加，炎帝族一部分与黄帝族融合，另一部分不断南迁到秦岭、神农架、衡山一带。

黄帝与蚩尤水战纪年

《山海经·大荒北经》记有："有人衣青衣，名曰黄帝女魃。蚩尤作兵伐黄帝，黄帝乃令应龙攻之冀州之野。应龙畜水，蚩尤请风伯、雨师，纵大风雨。黄帝乃下天女曰魃，雨止，遂杀蚩尤。魃不得复上，所居不雨。叔均言之帝，后置之赤水之北。叔均乃为田祖。魃时亡之，所欲逐之者，令曰'神北行'！先除水道，决通沟渎。"

黄帝族与蚩尤族的战争，可能持续了一段很长的时期，其战场大体在太行山一线，北起涿鹿，南越黄河。经文"应龙畜水，蚩尤请风伯、雨师，纵大风雨。黄帝乃下天女曰魃，雨止，遂杀蚩尤。魃不得复上，所居不雨"云云，在记述中国古代的一场水利气象战的同时，也在客观上记录了先夏时期的自然气候变迁。第一阶段为"应龙畜水"，即上游的人筑坝截留水资源，不给下游的人用（不排除抬高水位后再突然放水，以冲毁下游农田、城池）。第二阶段为"蚩尤请风伯、雨师，纵大风雨"，即天降大雨，冲毁水利设施，淹没农田。第三阶段为"黄帝乃下女魃，雨止，遂杀蚩尤"，即气候由潮湿多雨转变为干旱少雨，黄帝趁势出兵，一举击败蚩尤。事实上，在历史上

某种气候变化对甲地区有利而对乙地区有害的情况经常发生，严重时可导致民族、国家力量的此消彼长。第四阶段为"魃不得复上，所居不雨"，即气候变得更加干旱，严重影响到农业生产和人民的生活。第五阶段为"叔均言之帝，后置之赤水之北"，女魃被安排到赤水之北居住，即赤水以北为干旱区，其他地区的气候和降雨量恢复正常。所谓"魃时亡之，所欲逐之者，令曰：'神北行！'先除水道，决通沟渎"，意思是当旱灾发生时，要进行驱逐旱魃的巫术，并提前疏通排水渠道。

综上所述，蚩尤族应该是以种植水田农作物为主要谋生方式的族群，而黄帝族则是主要以种植旱田农作物为主要谋生方式的族群。因此，在雨水充沛的历史阶段，蚩尤族的势力范围就会扩展；而在降雨较少的历史阶段，黄帝族的势力范围就会扩展。相传黄帝与蚩尤九战九败，这个阶段是雨水充沛时期，也是蚩尤族扩张时期。此后，黄帝一战而胜蚩尤，表明气候转为干旱期，蚩尤族难以生存，不得不退回雨水多的南方。也就是说，根据先夏时期古气候变迁信息，就可以推算出黄帝与蚩尤因水而战的发生时间，估计其时间段大约在公元前 7000 ~ 前 3000 年间。

蚩尤族（赤帝）纪年

　　《左传·昭公十七年》记有郯子的一段话："昔者，黄帝氏以云纪，故为云师而云名。炎帝以火纪，故为火师而火名。共工氏以水纪，故为水师而水名。大皞氏以龙纪，故为龙师而龙名。我高祖少皞挚之立也，凤鸟适至，故纪于鸟，为鸟师而鸟名。"

　　由于郯子将共工与炎帝并列，而且炎帝以"火纪"，共工以"水纪"，据此可知共工族与炎帝族并非同族，而且也不是如后世人们所说的炎帝族后裔（同样的错误还包括《路史》把蚩尤说成是炎帝族裔）。笔者推测，共工族很可能出自先夏时期最著名的族群蚩尤，或者至少有着很高比例的蚩尤族血脉，因此黄帝族与蚩尤族的战争才会长期延续在共工族身上，例如颛顼与共工之战和禹攻共工国山等。而且，"共"与"洪"相通，"工"与"鸿"相通，发音均为"红"，亦即"赤"色。蚩尤，"蚩"与"赤"同音，亦即古人所说的赤帝。共工族的主要成员是相繇（又名相柳，被禹杀死），"繇"与"尤"同音，或可表明他们有着共同的渊源；根据相繇"人面蛇身九首（代表九个部落或氏族）"可知，其族群乃是蛇图腾。有趣的是，古史相传蚩尤部落联盟的构成也是九的倍数"蚩尤兄弟八十一人"或"七十二人"。

需要纠正的是，长期以来学术界都把"赤帝"误认为"炎帝"，错误出自高诱对《淮南子》的注解上。《淮南子·时则训》称："南方之极，自北户孙之外，贯颛顼之国，南至委火炎风之野，赤帝、祝融之所司者万二千里。"高诱注："赤帝，炎帝，少典之子，号为神农，南方火德之帝也。"

实际上，赤帝应该是指蚩尤，蚩尤的发祥地在南方，炎帝的发祥地在北方（参阅本书相关章节）。《太平御览》813 卷引《河图》云："赤帝有女讹、铁飞之异。"这种异闻与炎帝毫无关系，而与蚩尤却有相似之处，因为相传蚩尤就是"铜头铁额"。《集解》应劭亦称："蚩尤，古天子。"孔安国亦曰："九黎君号蚩尤。"

《五藏山经·中山经》："又东五十五里，曰宣山，沦水出焉，东南流注于视水，其中多蛟。其上有桑焉，大五十尺，其枝四衢，其叶大尺余，赤理黄华青腌，名曰帝女之桑。"

袁珂认为此处帝女即赤帝之女，宣山即愕山，在今河南省泌阳县境内。《广异记》："南方赤帝女学道得仙，居南阳愕山桑树上。正月一日衔柴作巢，至十五日成。或作白鹤，或女人。赤帝见之悲恸，诱之不得，以火焚之，女即升天。因名帝女桑。今人至十五日焚鹊巢作灰汁，浴蚕子招丝，象此也。"剥掉上述传说的神话外衣，其真实的信息是有关养蚕的活动，帝女桑是一棵品质优良的桑树，也是一棵神圣的桑树，在祭祀桑树之神和蚕神的巫术仪式中，古人曾经以少女为牺牲（活祭或模拟）。与此同时，这也表明赤帝族是以养蚕和改进养蚕技术而闻名于世的。

后人之所以剥夺了蚩尤的赤帝资格，主要是因为蚩尤、共工战败，即成者王侯败者寇。其实，蚩尤之名可能是外族的称呼，带有贬义；其自称应该是"赤繇"，"赤"即赤帝，"繇"的象形文字原本应当与丝织活动有关。遥想当年，蚩尤、共工也是驰骋南北、显赫一时、文化发达的族群，同样是我们的祖先；他们活动的区域，大体以今日河南省为中心，向北到山西省、河北省，向东到山东省，向西到陕西省，向南到长江南北。考古发掘的河南省裴里岗文化（距今 9000—7800 年）、舞阳贾湖文化（距今约 8000 年），可能就是蚩尤族创造的。后来，黄帝族、炎帝族不断南下，进入黄河以南的伊洛地区，并与蚩尤、共工融合，这就是龙的造型身躯由娃娃鱼转变成为蛇形的原因所在。如果可以认定，河南省裴里岗文化、舞阳贾湖文化，是蚩尤（赤帝）族创造的，那么蚩尤族纪年约在公元前 7000—前 5800 年之间。

黄帝与蚩尤的丝绸战争纪年

1. 黄帝与蚩尤的第一次丝绸战争纪年

清马啸《绎史》卷五引《黄帝内传》称；"黄帝斩蚩尤，蚕神献丝，乃称织维之功。"据此似可表明，养蚕最初是蚩尤族发明的（其势力范围在今天山西省的南部、山东省西部，以及河南省和长江流域），因为战败而不得不向黄帝族（居住在今天陕西省以及河套地区）交出养蚕技术，这可能是最早为了争夺养蚕技术而发生的战争，堪称有历史记录的第一次丝绸战争。由于1926年在山西省夏县西阴村仰韶文化遗址，确实出土有先夏时期的蚕茧，因此《黄帝内传》的这一记载，也就多了几分可信性。

对比之下，关于黄帝族养蚕活动，宋代学者罗泌《路史》是这样说的："（黄帝）元妃西陵氏，日嫘祖；以其始蚕，故祀先蚕。"意思是嫘祖在黄帝族里是最早开始养蚕的代表性人物，显然这并不排除其养蚕技术是从别的族群获得的情况。

众所周知，中国驯化野蚕为家蚕的历史非常早。而且，由于蚕的一生有着多次神奇的形体变化，因此蚕在远古就被视为"龙精"、"天驷星"等神灵的化身，人们不仅养蚕缫丝吃蚕蛹，隆重地祭祀蚕神，还用陶、玉、骨、铜做成蚕、蛹等形状的饰物，并由此萌生羽化而登仙的观念。与此同时，桑树也具有了特殊的文化内涵，古人相信桑林是与天相通的地方，扶桑是太阳栖息的神树。

1975—1978 年在浙江余姚河姆渡村的新石器时代遗址（公元前 5000—前 4000 年），发现一批纺织用的工具和象牙质盅形器，该盅形器周围用阴纹雕刻着类似蚕的图形和编织花纹。1926 年在山西夏县西阴村的仰韶文化遗址（公元前 4000—前 3600 年）发现一个半截的蚕茧，茧壳长约 1.36 厘米，茧幅约 1.04 厘米，蚕茧被锋利的工具切去约六分之一，多数学者认为这表明当时已经在驯化野蚕为家蚕了。

1983 年在河南荥阳城东青台村仰韶文化遗址的发掘中，在瓮棺中发现有炭化的丝织物（用来包裹儿童尸体），该遗址属仰韶文化秦王寨类型，在公元前 3600 至前 3000 年。1958 年在浙江吴兴钱山漾遗址（公元前 3310 年）发现一批丝、麻纺织品，其中有平纹绸片和用蚕丝编结的丝带以及用蚕丝加捻而成的丝线。河北正定南杨庄遗址（公元前 3400 年）、山西芮城西王村遗址（公元前 3000 年）出土有新石器时代的陶蛹。此外，陕西神木石峁出土有新石器时代的玉蚕，时间大约在公元前 2300 至前 2000 年。甘肃临洮冯家坪齐家文化遗址出土的二连罐所绘的群蚕图，时间则在公元前 2000 年。

根据上述有关养蚕业的出土文物可知，人工养蚕技术，明显是由东南地区向西北地区逐渐传播的。由于蚩尤族的活动范围在黄帝族的东南方，因此我们有充足的理由认为蚩尤族先于

黄帝族掌握了养蚕技术，《黄帝内传》"黄帝斩蚩尤，蚕神献丝，乃称织维之功"的记载是符合逻辑的，也是比较可信的。这也就意味着，黄帝与蚩尤的第一次丝绸战争，可能发生在公元前4000年（夏县出土蚕茧的时间，当时这里是蚩尤的势力范围）至公元前2300年之间（神木出土玉蚕的时间，此地曾是黄帝的势力范围）。

2. 历史上的其他丝绸战争

《山海经·海外北经》记有："欧丝之野在大踵东，一女子跪据树欧丝。"袁珂先生在《山海经校注》一书指出，殴与呕通，欧丝即吐丝，并认为此处寥寥数字即蚕马故事之雏形。《搜神记》卷14《太古蚕马记》称：古时一少女为见远征在外的父亲，许愿嫁给能把父亲接回家的马；其父回家了解真相后，将马射杀，晾马皮于院；少女踏在马皮上，马皮忽然卷起少女飞去，数日后人们在一棵大桑树上找到少女，她与马皮已化为蚕，其茧硕大异于普通蚕茧。

据此可知，所谓"女子呕丝"，乃是古人祭祀蚕神时的一种巫术表演，由女巫（养蚕是女子之职）模拟蚕吐丝的样子，蚕马故事、帝女桑的记述则均与古人选育和改良桑蚕品质的活动有关，而煮元宵吃的习俗或谓亦源于煮蚕茧、祭蚕神。进一步说，蚕马故事也隐约透露出，养蚕技术的传播与战争有关。

事实上，丝绸战争（获得丝绸技术、争夺丝绸贸易）在中国历史上发生过多次，著名的三星堆的突然消失，可能就与丝绸战争或者丝绸贸易有关。

中国的丝绸是一种长期领先世界的高科技含量商品，很早就成为欧亚各国王室贵族渴求的能够显示地位和财富的实用奢侈品。遗憾的是，由于先秦文献史料丢失，我们已经不清楚商王朝对东西方丝绸贸易的态度了。根据殷商人喜欢经商的特点，估计会支持丝绸贸易的。

有迹象表明，周王朝对东西方丝绸贸易似乎采取了积极的态度。《竹书纪年》："十七年，王西征昆仑丘，见西王母。其年，西王母来朝，宾于昭宫。"穆天子西征见西王母，此后西王母多次来中原，可能都与丝绸贸易密不可分。

《人类文明编年纪事·经济和生活分册》（德国学者维尔纳·施泰因著）记载："公元前 1110 年，埃及使者到中国（很可能对埃及文化产生了影响）。"据光明日报 1993 年 3 月 21 日文，欧洲学者在古埃及一女性木乃伊上发现了丝绸，属于二十一王朝时期，即公元前 1080 年至前 954 年之间。

四川盆地的丝绸业有着悠久的历史，"蜀"就是柞蚕的象形文字，而蜀国创始人蚕丛也是以蚕业兴起的。因此，三星堆王国对丝绸贸易，应该是会采取积极态度的。众所周知，东西方丝绸贸易的通道，既有北线丝绸之路（河西走廊、天山南北、西亚），也有中线丝绸之路（三江峡谷、云南、缅甸、印度），以及南线丝绸之路（由浙江、福建、广东、广西出海）。显然，三星堆王国的丝绸出口，主要是走中线丝绸之路。由于丝绸贸易有着巨大的利益，历史上由此而发生的丝绸战争恐怕也不是少数。例如，殷商王国与周王国，殷商王国与三星堆王国，周王国与三星堆王国，以及三星堆王国与百越百濮，可能都发生过丝绸贸易冲突甚至战争。

　　由于三星堆王国参与丝绸贸易，并且经常发生贸易冲突和战争；与此同时，远方来的客商，有可能携带着对当地人威胁极大的病菌、病毒、传染病。上述两个原因，很可能就是导致三星堆王国突然灭亡的主要因素。

帝舜朝代的烛光纪年

1. 帝舜朝代发生的大事

根据《山海经》、《尚书》、《竹书纪年》、《左传》、《史记》等历史文献记载，帝舜朝代（与帝尧朝代在时间上有重叠）发生的大事主要有：其一，舜娶帝尧二女即娥皇、女英，也可以视为舜被招为婿。其二，舜与弟象的周旋。袁珂先生《山海经校注》指出，这是帝舜时期驯化野生大象故事的曲折反映，为的是保护农作物不被大象践踏，以及驯服大象为人服务，例如运输、战争等。其三，继帝尧朝代之后，建立帝舜朝代。《竹书纪年》称，尧德衰，为舜所囚。其四，创建一整套政府管理机构，包括 12 名州政府官员和 10 名中央政府官员。值得注意的是，袁珂认为《拾遗记》重明鸟（鸡、凤）可能与舜有关，如其不谬，则舜部落应是少皞部落联盟里的一支。在《山海经·大荒四经》里，帝舜被称为帝俊，其文字象形也是鸟类。

其五，《舜典》记有："流共工于幽州，放欢兜于崇山，窜三苗于三危，殛鲧于羽山，四罪而天下咸服。"或谓，幽州在燕（今北京一带），崇山在沣阳县（今湖北省黄陂县南），三危即今敦煌一带，羽山在今山东省蓬莱一带。《史记·五帝本纪》

则称帝舜流放的四凶分别是：帝鸿氏之裔浑沌（欢兜），少暤氏之裔穷奇（共工），颛顼氏之裔祷杌（鲧），缙云氏之裔饕餮（三苗）。其六，舜娶登比氏，生有二女，分别名宵明、烛光。这是我国古籍有关人造光源油灯的最早记载，此前火把照明的缺点是烟大、照明时间短。其七，帝舜南巡而死，葬九嶷山。其八，舜族迁徙南方。需要说明的是，上述事件发生的时间，前后可能有着很长的时间间隔；在不同时间段，号称帝舜的人，可能并不是同一个人。

2. 帝舜朝代烛光纪年元年

纵观上述帝舜朝代的重大事件，第六条涉及人造光源油灯的发明，这应该是有可能找到客观时间依据的。《山海经·海内南经》记有："舜妻登比氏生宵明、烛光，处河大泽，二女之灵能照此所方百里。一曰登北氏。"

所谓"登比氏生宵明、烛光"，也就是说，登比氏乃人工光源的发明者，其名原当作"灯比氏"。她发明的灯有两种，其一为宵明，当属于强光源，可用于夜间户外；其二为烛光，可能属于弱光源或方便移动的光源，既可用于夜间室内照明，也可用于户外行走时；制造光源的材料，当取自牛羊和鱼类（特别是娃娃鱼油为优质灯油，为此娃娃鱼一度几被捕杀殆尽，娃娃鱼为龙的原形）等动物的膏脂或其他矿物燃料。这两种光源由登比氏的两个女儿分别掌管，并以光源的特点给她们起名，这种命名方法是古代经常使用的。

所谓"处河大泽，二女之灵能照此所方百里"，明确指出登比氏二女的工作主要是照明河道和湖泊。据此，宵明、烛光可能包括船用照明灯、航道标志灯、码头照明灯，以及灯塔用灯（登比氏的登字有上升到高处之意）。这也就表明，在帝舜时代，人们的夜间活动已经相当多，而且水上交通相当繁忙，以至于需要夜间照明，来确保航运的安全。与此同时，在河流、湖泽上使用人工光源，也可能与捕鱼有关，因为有些鱼类具有趋光习性，此外还可用于夜间捕鸟、拾鸟卵、收集鸟羽时的照明。

袁珂注："《海内西经》：'大泽方百里，群鸟所生及所解。'即此大泽。该节及以下二节亦应移于此节之前，始与方位大致相符。"实际上，所谓"处河、大泽"，即今黄河流经的河套一带，前套、后套古均为大泽，两套之间河道密布，黄河之水在这里流势平稳，对发展水上交通极为有利，而河套南北曾是古人栖息的青山绿水、良田沃土和风吹草低见牛羊的天然牧场，并有候鸟换羽的大面积湖泽、湿地。

舜妻除帝尧二女娥皇、女英之外，又有登比氏，这表明所谓"妻"者实际上是相互通婚的部落，一个部落可以与若干个其他部落通婚；同时也表明帝舜可以指一个朝代，这个朝代可能有多个名"舜"的首领，而并不特指一个唯一的"舜"。

舜又称虞舜，姚姓，有虞氏，名重华，字都君。姚，指女子貌美妖艳；若从字形结构来看，亦可指有预兆能力的女性。虞，古代管理山泽的官，样子像是戴着虎头帽的猎人。舜，指一种草；但是，舜的原字形的上半部分，像是一个容器里放着"炎"，下半部分表示双足行走跳跃。舜之所以得名"重华"，与相传舜为"双瞳"（重明、重瞳）的内涵是一样的，均与人造光源（照明）以及使用窥管（发现远方目标）有关。华，光辉。都，在这里指绚丽。

从舜的上述名称可知，舜是以光明著称的部落（族群），而这种光明又与捕猎活动有关。显然，这里透露传递的信息，正如笔者所说，舜通过捕猎娃娃鱼，制作油灯，从而闻名于世。因此可以说，舜部落的崛起，很可能正是得益于人造光源油灯的发明。

有趣的是，《史记》称舜继承尧位之前，从事过三种工作：舜耕历山，舜渔雷泽，舜陶河滨。其中，"耕历山"是为了解决粮食问题，这很好理解。那么"渔雷泽"是为了什么呢？笔者已经指出，雷泽里的龙就是娃娃鱼，因此"渔雷泽"正是为了捕捉娃娃鱼，以便获得灯油。接下来"陶河滨"乃是制造油灯的专用陶器"豆"。而且，正是在这一点上，让帝尧选中了舜，因为尧部落（族群）是以烧陶为重要产业的。事实上，油灯的出现促成陶器"豆"的广泛需求，这样尧部落与舜部落的联合，对双方都是有重大好处的。

有鉴于此，如果我们今天能够在考古发掘中找到最早的陶器油灯"豆"，那么就可以用这个时间作为帝舜朝代烛光纪年的元年。这里的问题是，最早的陶器油灯"豆"究竟是什么样子的？笔者推测，最初油灯的造型可能是低足浅盘和高足深盘，由于深盘有时候又与浅碗或者浅杯不易区分，因此除了"豆"类陶器之外，其他造型的陶器也可能属于油灯。例如，山东省大汶口文化的滕州北辛遗址和兖州王因遗址出土的三足杯，就可能是用作油灯的。如果能够确定这一点，那么帝舜朝代烛光元年就应该在公元前 5000 年。

值得注意的是，周处《风土记》称"舜，东夷之人，生姚丘"。山东省历城县有舜井，相传这里就是"舜耕历山"的地方。山东省泗水县，位于曲阜县东，这里被认为是伏羲、虞舜的故乡，古代东夷文化的发祥地。与此同时，山西省桓曲县城，在黄河小浪底水库之北 50 里，相传这里即当年的舜王城，此地位于晋南中条山山脉东端，与王屋山相连。历山是中条山山脉的主峰，舜王坪为历山之巅，海拔 2321 米，是一处面积达 5400 多亩的亚高山草甸区，传说即舜王躬耕之地。

至于舜的故乡一说在山东省的泗水县，一说在山西省的桓曲县，笔者推测可能是因为舜族迁徙的缘故，即舜族发祥地在山东省泰山丘陵一带（当然这并不一定就是最古老的发祥地，因为古人远距离迁徙可能发生过多次），后来有一部分向西迁徙到中条山和华山一带（从仰韶文化的演变发展里，或许能够找到线索），他们取代了尧族的影响力，成为当地部落联盟的首领。至于舜族为什么能够取得优势地位，其重要原因就是舜族掌握了先进的人造光源技术。正是由于舜族是迁徙来的，因此势必要对某些原住民进行排挤，而这个过程可能是漫长的，这就是古代文献记录的舜流放"四凶"。据此可知，帝舜朝代流放四凶纪年，大约在公元前 4000 年左右。

3. 舜族南迁与蜀人先王

根据历史文献资料，舜族在入主中原后，仍然有一部分人继续南迁。南迁的原因，可能是主动的迁徙（舜南巡），也可能是被迫迁徙（禹流放舜），或者两种情况兼有。

　　《括地志》称："又越州余姚县，顾野王云舜后支庶所封之地。舜姚姓，故云余姚。"值得注意的是，浙江省余姚县河姆渡出土了公元前5000年前的古文化遗存，当时这里的人已经有着相当发达的文明与文化。此外，这一带也是先夏时期防风氏活动的区域，相传大禹治水来到会稽山召开部落大会，防风氏迟到被杀。"防风"一词，可能与东南沿海预防台风有关，也可能与人造光源如何防风吹灭的技术有关。如系后者，那么防风氏可能也是出自舜族。有趣的是，舜以发明人造光源著称于世，而"烛"的字形恰恰是由"火"和"蜀"组成的。众所周知"蜀"字象形的是"蚕"，或许油灯的灯芯如蚕状，或者当时已经能够制造蜡烛，而蜡烛白白的形象与蚕非常相似，因此才会用来表示"烛光"。

　　笔者认为，有多种资料证明，蜀文化源于舜文化，蜀先王源于舜族。

　　其一，蚕丛氏的特征之一是改进养蚕技术，而帝舜发祥地正是养蚕技术的发源地。

　　其二，蚕丛氏的特征之二是眼睛装饰异形为"纵目"，而舜也具有眼睛异形为"双睛（双瞳、重明）"。所谓"双睛"乃使用窥管的形象。

　　其三，三星堆出土众多凸目青铜面具，其造型源头可以追溯到舜目双睛。烛龙"直目"，也属于眼睛异形。与此同时，烛龙是人造光源的发明者或使用者，而舜族正是人造光源的发明人。

　　其四，三星堆出土众多象牙，而舜的弟弟名象，舜族是最早捕猎和驯养野生大象的部落。三星堆出土的大铜立人像，就是舜的弟弟的造型。

其五，舜文化崇拜数字七"璇玑玉衡，以齐七政"，三星堆文化也崇拜数字七。

其六，舜族最早观测日月五大行星（七曜），三星堆出土的轮形器代表的是五大行星，表明三星堆人也在观测五大行星。

其七，鱼凫氏之名表明该族群具有鸟崇拜、鸟图腾性质，而帝舜的原型也是重明鸟；凫是一种能够捕鱼的水鸟，重明鸟是一种能够捕杀猛兽的鸟。

其八，《山海经·大荒南经》记有舜的后裔巫载民进入四川盆地。所谓巫载民"巫"载民盼姓，食谷；不绩不经，服也；不稼不穑，食也"，表明他们入川后成为贵族统治阶层。

其九，《大荒南经》关于巫载民"爰有歌舞之鸟，鸾鸟自歌，凤鸟自舞。爰有百兽，相群爰处。百谷所聚"的记载，与《海内经》所记西南黑水之间的都广之野"百谷自生"、"鸾鸟自歌，凤鸟自舞"、"爰有百兽，相群与处"，几乎完全相同。都广，又称广都，明代学者杨慎《山海经补注》指出："黑水广都，今之成都也。"据此可知，创造成都一带上古文化（包括三星堆等多处文化遗址）的族群，应该就是帝舜的后裔巫载民，其迁徙路线当是自长江三峡逆流而上。有趣的是，帝舜南巡至今日的湖北省和湖南省，正在长江三峡的下游附近。

帝禹朝代发生的大事

根据《山海经》、《尚书》、《竹书纪年》、《左传》、《史记》等历史文献记载，帝禹朝代（与帝舜朝代在时间上有重叠）发生的大事主要有：其一，道九山，道（导）九川，治理洪水淹没的土地。其二，召开部落代表大会，杀防风氏。其三，逐共工并杀其臣相柳，修建众帝之台（金字塔群）。其四，划分九州，铸造九鼎，确定各州贡物（中央政府地位得到进一步提升）。其五，实施人类历史上第一次大范围国土资源考察活动，考察报告即《五藏山经》。需要说明的是，上述事件发生的时间，前后可能有着很长的时间间隔；在不同时间段，号称帝禹的人，可能并不是同一个人。

1. 帝禹朝代三门峡鬼门纪年

三门峡的鬼门、神门、人门，相传是大禹治水时将挡住黄河的大山凿成几段，使河水分流，状如三道闸门；民间故事说大禹凿山时杀死一条恶龙，血溅山崖，故两岸山崖被染成红色；大禹用的斩龙剑落在河中，化为通天巨石，即三门峡的砥柱峰。当地附近有七口井，相传亦是大禹凿三门峡时所挖。鬼门的崖头有两个圆坑，比井口还大，活像一对马蹄印，相传为大禹跃马过三门时留下的印迹，俗称马蹄窝。

根据鬼门岛上曾经有先夏时期人类活动（出土仰韶文化陶器和龙山文化石斧、陶器），以及鬼门的地形地貌（原本与黄河岸相连）等因素来看，三门峡（由人门、神门、鬼门组成）的鬼门系人工开凿而成，其功能是将三门峡的黄河水道截弯取直，有利于洪水宣泄，因此鬼门应该就是大禹治水的工程遗迹之一。

如果上述判断能够成立，而且能够确定三门峡鬼门的开凿时间，那么这个时间就可以成为帝禹朝代三门峡鬼门纪年的元年。可惜，由于 20 世纪 50 年代修建三门峡水库，三门峡的人门、神门、鬼门均被淹没在水库里（同时被淹没的还有著名的三门峡漕运遗迹），给今天如何确定鬼门开凿时间增加了极大的困难。

2. 帝禹朝代众帝之台纪年

《山海经·大荒西经》记有："西北海之外，大荒之隅，有山而不合，名曰不周负子，有两黄兽守之。有水曰寒暑之水。水西有湿山，水东有幕山。有禹攻共工国山。"

不周山是共工族活动势力范围里一处极其重要的地方，因此要"有两黄兽守之"。所谓"两黄兽"，可能是由人装扮的保护神，或者是竖立着的共工部落保护神的塑像，也有可能是共工国战神相柳的造型。凡此种种，均表明不周山是共工族的圣山。所谓"禹攻共工国山"，记述的是禹族与共工族的战争，战场就在共工族的圣地不周山，共工族已经退守在自己的最后领地，结果可想而知。

　　根据《海外北经》和《大荒北经》记载，禹族彻底战胜共工族，并且在共工族的领地建造了中国的金字塔群"众帝之台"，这些金字塔的名称被记录在《海内北经》里："帝尧台、帝喾台、帝丹朱台、帝舜台，各二台，台四方，在昆仑东北。"其形状为四方台型，所谓"各二台"的"台"字，可能是"重"字之误（两个字的繁体字形相近），即众帝之台均为两层结构，属于阶梯型金字塔，与埃及早期的金字塔和美洲金字塔相似。此外，《大荒北经》还记有共工台："有系昆之山者，有共工之台，射者不敢北乡。"《大荒西经》则记有轩辕台："有轩辕之台，射者不敢西乡射，畏轩辕之台。"它们建造的时间，可能早于大禹治水时建造的众帝之台。

　　毋庸置疑，如果我们今天能够发现众帝之台的遗址，并且能够确定其建造时间，那么这个时间就可以成为帝禹朝代的众帝之台纪年的元年，估计时间段大约在公元前3500～前2500年间。

　　值得注意的是，《山海经·五藏山经·中山经》记有鼓钟山，是帝台宴请百神或四方贵宾的地方，届时钟鼓齐鸣，主宾举杯畅饮。我国河南舞阳曾出土一批8000年前的骨笛，浙江余姚出土有7000年前的埙，其他出土先夏乐器尚有陶号角、骨哨、陶哨、陶号、陶哨铃、四孔器、陶响器、龟响器、陶钟、石磬、陶鼓、木皮鼓等。姑瑶山的帝女，袁珂认为即炎帝之女瑶姬，瑶姬未嫁而亡，葬于巫山；但与此地相距甚远，或许此处帝女乃帝台之女。

　　"帝台"只见于《山海经》，而未见于其他古籍。从"帝台"活动范围推测，帝台有可能是蚩尤（赤帝）或者共工的后裔。但是，若从时间段来说，帝台更有可能是帝禹在《五藏山经》里的另一种称呼，正如帝舜在《大荒四经》里被称为帝俊一样（这样做有点类似后世的避讳）。进一步说，在古史记载中，也只有在帝禹时代曾经大规模建造众帝之台，因此将其称为帝台乃是名副其实、顺理成章的；而且，《五藏山经·中山经》记述的帝台事迹，诸如帝台觞百神、帝台之石（棋）祷百神、帝台之浆，也符合帝禹的身份。

如其不谬，这也就同时解决了《五藏山经》的一个大谜团：《五藏山经》既然是帝禹时代的国土资源考察报告，那么里面就应该也有帝禹活动的记录，然而字面上却没有；但是，如果帝台实际上就是帝禹的另一种说法，那么这个问题就迎刃而解了。

3. 帝禹朝代国土资源考察纪年元年为公元前 2216 年

在中国人的古老记忆里，面对先夏时期的大洪水，鲧受命治水采取的是"堵"的办法，结果惨败；此后，禹又受命治水则采用了"疏导"的办法，终于获得成功。为什么鲧和禹会采取不同的治水办法？为什么鲧就想不到用疏导的办法来对付洪水泛滥？

这里涉及两个根本性质的因素。第一，鲧治水所处的时间段，正是海平面不断上升向西淹没陆地的阶段；在这种情况下，以古人的技术手段，无论如何修建堤坝堵挡洪水，最终都是无济于事的，因此必败无疑。对比之下，禹治水所处的时间段，则是海平面不断下降，被淹没的陆地重新出现的阶段；在这种情况下，需要做的事情，主要不是堵挡洪水，而是如何排除陆地上的积水，使其重新变成可以居住和耕作的地方，因此禹治水当然要采用疏导的办法了。正如《诗经·长发》所云："洪水茫茫，禹敷下土方。"

其次，同样重要的因素是，俗话说"水来土掩"，堵挡洪水泛滥，对测量地形高低的技术准确度要求不高，反正是哪里来水就在哪里修建堤坝设堵就是；据此可知，鲧治水的时候，还没有或者缺少高精密度的大地测量技术，因此鲧即使想疏导洪水，从技术上说也是做不到的。对比之下，疏导大区域里的积水，则需要能够精密测量地形和水位高低的技术，否则就不可能在正确的地方开挖渠道，也就不可能把积水顺利地排泄到江河、湖泊、海洋里；也就是说，禹之所以能够顺利地疏导洪水，应该是已经找到了足够精密的大地测量技术。

事实上《楚辞·天问》所说的"应龙何画？河海何历？"透露的正是大地测量技术在开挖排水渠道工程上的使用。晋王嘉《拾遗记》卷三说得更明白："禹尽力沟洫，导川夷岳，黄龙曳尾于前，玄龟负青泥于后。"

大地测量技术涉及众多技术领域，它们包括标准尺的确定、远视仪器、绘图比例尺、数学计算技术等等。种种迹象表明，上述技术恰恰是在帝禹朝代出现并完善的。《拾遗记》称大禹治水凿龙门，曾得到羲皇（伏羲）传授的玉简，长一尺二寸，这应该就是禹假托伏羲之灵而确定的标准尺。

有鉴于此，我们有理由推论，禹族的崛起，实际上得益于新的高精度的测绘技术的发明和推广使用。我国很多地方都流传着禹治水的故事，这里的"禹"可能并非指同一个人，而是指由禹族人组成的众多具有测绘技术的施工队。

值得注意的是，帝禹朝代实施的人类历史上第一次大规模国土资源考察活动，其考察报告即《山海经·五藏山经》，其中《东山经》明确记录着山东半岛尚被海水分隔着；而1984年出版的《中国自然地理图集》（地图出版社）第111页《华北平原成长图》，也明确标识出4200年前山东半岛确实被海水分隔着。据此，我们可以确定帝禹朝代国土资源考察纪年元年为公元前2216年。

第三十二卷　《山海经》『巫书说』批判

《山海经》“巫书说”批判

由于内容虚实参半，《山海经》的性质在学术界一直存在争议。古代学者大致分两派，强调其真实性的一派主张《山海经》归属史部地理类或五行类，而强调其虚构性的另一派则主张归入“小说”类。随着现代学术的发展，分科越来越多，越来越细。不同学科的学者大多根据《山海经》中包含本学科的内容来判断《山海经》的性质。于是，关于《山海经》性质的说法越来越多。“地理志”、“博物志”、“综合志书”、“图腾志”、“历史”、“神话渊府”、“巫书”，甚至于出现了“百科全书”的说法。由于各个学科之间很少沟通，上述彼此不同，乃至于互相对立的说法竟然相安无事，长期共存。

其中在文学界影响最大的是鲁迅倡导的“巫书”说。翻检十几种中国文学史著作，谈到《山海经》性质者大都定为巫书。但是，学界也有反对的声音。林辰发现《山经》所记物产与所记神灵祭祀内容在数量上存在悬殊差距，又认定《山海经》全书只是沾染了当时社会的巫术色彩，其本质并非巫术。所以，林辰说：“《山海经》是‘古之巫书’说，其立论逻辑是：夸大《山海经》的怪诞的一面，从而把书中的少数视为多

数，将非本质的记载，说成是本质的记载。"这种批评意见非常尖锐，可惜以读后感形式发表在非正式学术刊物上，十几年来影响寥寥。林辰对"巫书"说的清理比较简略，对《山海经》性质的研究也没有展开讨论。

本文将全面检讨"巫书说"的来龙去脉及有关论据，加以分析批判。同时，我不同意《山海经》可以分属不同学科的说法，当然不同学科可以研究它。一般书籍都应该有一个基本性质，进而归属某个现代学科。简单地根据《山海经》中包含各种内容，就认为它可以分别归属不同学科，我觉得那是局限于单一学科眼光或回避矛盾的结果。因此，本文最后将依据史料和地理学界的研究成果重申《山海经》的性质是原始地理志。

对“巫书”说主要证据的审核

把《山海经》视为巫书，源于鲁迅《中国小说史略》：

《山海经》今所传本十八卷，记海内外山川神祇异物及祭祀所宜，以为禹益作者固非，而谓因《楚辞》而造者亦未是；所载祠神之物多用糈（精米），与巫术合，盖古之巫书也，然秦汉间人亦有增益。

鲁迅自幼喜爱《山海经》，成年后买过多种版本。他对《山海经》的喜爱和研究主要是出于文学兴趣。所以，他对其中的超自然内容，特别是神话，非常关注。《山海经》的地理志性质经过《禹贡锥指》和《四库全书总目提要》的批判已经动摇。而据其记录神话最多判断为“小说”或神话书也不符合实际，所以鲁迅提出的这一推测性结论（“盖古之巫书也”）是值得重视的。《山海经》的确具有一定的巫书色彩，山神祭祀活动与巫、祝密切相关，鲁迅的推测有一定的合理性。但是，鲁迅的推测并不符合《山海经》的全部内容。他概括《山海经》所记是“海内外山川神祇异物及祭祀所宜”，有明显偏差。《山经》记录“异物”虽多，但是以金银铜铁玉等矿产为主，鸟兽草木也是虚实参半，绝对不都是“异物”。《海经》以下多是远方奇异国族，神灵不多。

当大陆文学界全面发展鲁迅的推测，并断定《山海经》是"古之巫书"的时候，"巫书"说的缺陷就逐步严重了。鲁迅之后，力主"巫书"说的是袁行霈和袁珂两位先生。他们的主要论文是《〈山海经〉初探》（袁行霈先生，1979）和《〈山海经〉"盖古之巫书"试探》（袁珂先生，1986），袁珂先生在《中国神话史》（1988）和《中国神话通论》（1991）等著作中也反复强调此说。我将以两位袁先生所提供的主要论据，分析"巫书"说存在的问题。

袁行霈先生主张《山经》成书于战国初年或中期，《海经》成书于秦或西汉初年，《荒经》以下五篇是刘歆从《海经》分离出来的。袁先生认为：古代巫觋社会地位重要，通晓神话、祭祀、占卜、舞雩、地理、博物、医药等多种学问和技能，而《山经》记录的山川之号、祯祥变怪、鬼神之事、金玉之产正是巫的神话、地理、博物知识。《山经》的药物与药效，是巫觋的医术。巫舞也见于《山经》。所以，《山经》是"巫觋"之书。而战国晚期至秦汉时代，方士之学盛行，夸言海外荒远之地，正与《海经》所言"海上殊方异域，神人所居，怪异所在"相合，所以《海经》是"方士"之书。

我以为，袁行霈先生总结古代巫觋的知识技能是正确的。但是，忽略了其他职业的人也必须具有这些知识技能。以祭祀知识来说，国之大事，惟祀与戎。最重要的祭祀是天子和国君负责的，并不只是巫觋垄断的知识技能。以地理知识而言，政府更加需要，军事家更加需要。《山经》的内容其实更加符合古代国家政府的需要（下文详论，此处不赘），而不仅仅是巫觋的需要。因此，袁先生从古代巫觋的知识技能与《山经》内容的一致性来立论就存在漏洞。另外，袁先生认为古代巫觋地位重要，但是忽略了这些巫觋的主人。巫觋固然重要，但是在战国时代已经完全从属于政府。他们的知识技能是用来为政府服务的。当时"祀"的重要性已经远远无法跟"戎"相提并论。《山海经》所记物产的军事政治意义在《五藏山经》的结尾处以大禹的口气说得很清楚：

天下名山，经五千三百七十山，六万四千五十六里，居地也。……天地之东西二万八千里，南北二万六千里，出水之山者八千里，受水者八千里，出铜之山四百六十七，出铁之山三千六百九十，此天地之所分壤树谷也，戈矛之所发也，刀铩之所起也。能者有余，拙者不足。封于太山，禅于梁父，七十二家。得失之数，皆在此内，是谓国用。

这段话也见于《管子－地数》。不论二书何者首创此论，它都能揭示《山经》的性质和功能不在于巫术，而在于国事。

《海经》（包括《荒经》以下）的内容在今天看来的确很像幻想，跟方士之学有类似之处。但是，战国或更早时期的海荒知识由于交通不便，往往得之传闻，其中幻想色彩必然浓厚。战国时代的《穆天子传》就是一个例证。方士之学可能就是利用原来的传闻发展起来的，《海经》的时代比秦汉早（我不同意袁行霈先生关于《海经》年代的判断）。因此，不能根据《海经》与方士之学的某些一致之处就判断是它是"方士之书"。我以为，《海经》的知识也是当时国家的需要。例如《周

官·夏官》云：

职方氏掌天下之图，以掌天下之地，辨其邦国都鄙，四夷八蛮七闽九貉五戎六狄之人民与其财用，九谷六畜之数要，周知其利害。

虽然职方氏掌握的远方国族知识未必真实有用，但是，在交通限制下，彼此几乎无交往，这些幻想色彩浓厚的"知识"在当时并不能得到验证，从而得以长期存在。

袁珂先生对《山海经》性质的论述似乎存在一些互相抵牾之处。其《山海经笺疏·序》中说它是"史地之权舆"、"神话之渊府"。其《〈山海经〉"盖古自巫书"试探》说："……它是神话与各种文化历史知识杂糅、具有多学科性质的书籍。"但是，这些抵牾之处在"巫书"说之下都统一了起来，因为巫师的知识就是虚实相间的。袁珂先生这篇文章论证鲁迅猜想的方法跟袁行霈先生不同。首先，袁珂先生认为《山海经》托名大禹作，而大禹是巫师之祖（"巫称禹步"），所以应该是巫师托名祖师而作。这个论据比较牵强。大禹也是夏朝开国之君，依据同样的逻辑，也可以推论是后代君主托名而作。其次，袁珂先生受到少年时代所见巫师"打保符"活动悬挂各种鬼神图画并在仪式活动中唱出图画内容的启发，认为：以图画为主的《海经》"所记的各种神怪异人，大约就是古代巫师招魂之时所述的内容大概"。这个论据基本属于猜测，没有说服力。最后，袁珂先生认为《山经》主要本于九鼎图像，而九鼎是奉享"上帝鬼神"和"使民知神奸，不逢不若"的，都与巫术有关。学界对于杨慎提出的《山海经》起于九鼎的说法基本不予采信。

夏代铸九鼎只是吉史传说。即使周代铸造九鼎，但是九鼎图也无法包括《山经》那样丰富的内容。尤其不可能包括《山经》中存在的大量禽兽的叫声——"其名自叫"、"其声如婴儿"。所以，袁珂先生的这条证据也不能成立。

袁珂先生在《中国神话通论》中提出四个论据。第一，《山海经》记载巫师活动的地方很多。对此，林辰批判说夸大了巫师活动的数量。第二，《山经》各篇末尾记载了祭祀山神的典礼和祭物，"皆为巫术活动的具体表现"。对此，林辰批评说不仅夸大，而且误解这些祭祀之礼。但是，林辰认为这些都是"各氏族的风俗"，不一定都是巫师操作。我不同意林辰的说法，因为《山经》的各条山系都是跨省区的，上古时代没有哪个氏族占据这样大的地盘。每个山系的神灵具有同样的模样，享受同样的祭祀之礼；南、西、北、东、中的所有神灵还具有结构上的对应关系，显示出内在的统一性。所以，我判断这些祭礼是国家统一规定的仪式（详后）。第三，袁珂先生认为神话是古代宗教的重要内涵，《山海经》所集神话最多，可见与巫教关系密切。我以为完整的神话在《山海经》中不过八条，占全书中所比例不大。而且，这样的知识在战国或更早时代应该是普通人都能掌握的，不必是巫师专有。第四条证据和《〈山海经〉"盖古之巫书"试探》中第一条证据相同，我不再赘述。

通过以上逐条审核《山海经》"巫书"说的证据，我认为它们或者事实清楚，但是推论有漏洞；或者事实本身就不可靠。因此，我认为《山海经》"巫书"说不能成立。

　　我在前边讨论过程一直运用"国家立场",而学界有一种说法认为《山海经》是民间著作。如果我不能说明《山海经》的国家性质,那么我的讨论就是无的放矢。为此,有必要进一步从正面论证《山海经》的性质。

《山海经》性质之我见

我认为《山海经》是远古时代的地理志。上述两位袁先生都不否认《山海经》中包含地理知识，只是根据这些地理知识的幻想色彩浓厚，认为它们不具有实用价值。所以，要确定我的看法，需要克服有关《山海经》地理记载不可靠的三个障碍。

第一，《山海经》中大多数地名不见于汉晋以来记载，难以指示其具体地理位置。这可能是因为古今地名变化导致的，也可能是因为这些地名本来就是作者得自传闻，与真实存在的地名之间存在差异。

第二，《山海经》的地理叙述往往存在很大误差，这在我们看来是确定《山海经》地理志性质的又一大障碍。但是，历史地理学家谭其骧《〈五藏山经〉的地域范围提要》研究《山经》记载的山脉走向与里距的可信程度，其结论是：1. 各山之间的方向完全正确或完全错误的都不多，多数都是稍有偏离。2. 就整经（篇）而言，所载方向一般都基本正确，或稍有偏离，错误的只是个别例外。3. 各山之间里距一般都不正确。各经末尾所载全经总里距一般都大于实距，有时可达七八倍至十

几倍，小于实距的是个别例外。4. 晋南、陕中、豫西地区记述最详细最正确，经文里距与实距相差一般不到二倍；离开这个地区越远，就越不正确。虽然存在这些误差，但是谭其骧依然断言："……《山海经》其他部分可以说都是语怪之书，而《五藏山经》则无疑是一部地理书。"对于《山海经》的地理志性质，地理学界没有争议。

第三，在《山海经》地理叙述中又掺杂了大量的神怪内容。鸡头龟身蛇尾的旋龟，九尾狐狸，三头一身的人，三身一首的人等。还有各种超自然的神灵，像鸟身龙首的山神，状如黄囊的帝江等。这些在现代人看来属于想象虚构的内容是确定《山海经》地理志性质的最大障碍。但是，我以为这是鬼神信仰盛行的远古时代的真实写照，《山海经》是原始的地理志，跟现代地理志当然存在差异。在这方面，王庸《中国地理学史》的观点颇为通达："后世以地理知识进步之目光观《山海经》，诚有如《提要》所谓'百不一真'之概。然吾人试设想原人心理之态度以观《山海经》，则彼离奇怪诞，模糊恍惚之事，在古人心目中，实皆深信而不疑。且其所述事物，虽非全出亲见亲闻，实皆有相当根据与来历，非若小说家之空中楼阁，多凭想象者可比。"在承认《山海经》为原始地理志的前提下，他也没有忽视其中的虚构内容。他的结论是："总之《山海经》一书，大体虽为原始地理志性质，而内容复杂，方面至多。"我想，王庸的看法，可以驱除神怪内容对判断《山海经》地理志性质的障碍。

因为上述问题的存在，清代《四库全书总目提要》评《山海经》："书中序述山水，多参以神怪。……案以耳目所及，百不一真。"于是，否定《山海经》的地理志性质，把《山海经》定为"小说之最古者"。四库馆臣以"耳目所及"为根据，其结论似乎是铁板钉钉，无可质疑。其实，他们的看法存在一个大疑问：虽然地理学是实践性学科，但是，简单的"耳目所及"是无法看到古代地理景观的。《山海经》描述的远古时代地理景观与今天大不相同，当然不能直接用"耳目所及"来直接验证。何况清代前期历史地理学并不发达，要想确定《山海经》所述地理内容的真实性的确存在困难。余嘉锡《四库提要辨证》对于四库馆臣指责《山海经》"道里山川，率难考据"作出的回答是："亦其时治之者未精尔。后来毕沅、郝懿行二家，其于道里山川，多能言之凿凿，绝非凭空杜撰。"

从今天的眼光来看，《山海经》的内容的确大大超出了现代地理志的范围，尤其是其中叙述了许多超自然因素，使其科学性质大打折扣。生物学家郭郛《山海经注证》力图恢复《山海经》关于动植物记录的科学性质，因此，不得不大量删除其中神怪内容。但是，我仍然坚持其地理志性质。其中主要有三个方面的根据。

第一，《山海经》的主要内容及框架结构属于地理志性质。全书完全按照地理方位，逐一介绍山岭、河流、物产、神怪，以及海内外各种人群，是典型的地理志架构。

第二，《山海经》中的怪异内容是远古地理志的共同时代特征。由于远古时代的精神生活中宗教迷信居于统治地位，科学不够发达，所以怪物对于当时的人们是一种"真实"存在。

他们在地理志中记录这些现象是十分正常的，决非故意造假虚构。这种情况不仅出现在《山海经》，其实欧洲古代地理书也是这样。直到清初，传教士南怀仁等作《坤舆全图》，其中也罗列不少怪物。因此，不能因为《山海经》中存在怪异内容而否定其地理志性质。而且记述怪物并非《山海经》的目的，也不是《山海经》的主要内容，虽然后代一般读者最关心此类内容。人们对于《山海经》多记怪物的印象很大程度上是因为忽略了其中不太吸引人注意的客观性地理知识，比如《五藏山经》大量客观性质的山名、水名、里距，以及矿物、植物知识。

第三，《山海经》中系统的山神崇拜和宗教祭祀活动是远古时代地理学的天然内容之一。周人把山海资源视为天赐宝藏，为了保有这一切，自然需要那些负责掌管地理资料的官员与神灵打交道。这是当时流行的自然崇拜的一个组成部分。山观念体系来定。因为后代各种知识系统中，客观知识（天文学、地理学、数学）逐步"顺民之经，在明鬼神，祇山川。……不明鬼神，则陋民不悟；不祇山川，则威令不闻。"《管子》的作者通过发展鬼神信仰来教化民众，通过祭祀山川来强化政令的传播与执行。在这种思想指导下，为控制矿产资源，《管子·地数篇》又云："苟山之见其荣（引者注：矿苗）者，君谨封而祭之。距封十里而为一坛，是则使乘者下行，行者趋。若犯令者，罪死不赦。"这正体现了这种山川祭祀的实用目的。因此，《山海经》虽然包含宗教内容，但是，它仍然是一部实用性地理志著作，而不是专门的所谓"巫书"。其实，这些纯粹宗教性的内容在书中只是很少一部分，全书主要内容仍然是地理志。

所以，笔者以为仅仅根据《山海经》叙述了神怪就否定其地理志性质是不正确的。

从理论上说，《山海经》属于一个十分古老的知识系统，其中客观知识和主观想象混融一体，虚实难分。即使到了《汉书·艺文志》，其图书分类系统也是把科学性质的著作（天文学、地理学、医学等）与巫术著作（占卜、堪舆、神仙）都列入"数术略"。《山海经》就被归入所谓"数术略形法家"。我们确定《山海经》属性的正确方法应该根据其在原始文化系统中的具体位置和实际功能，而不应根据后来人的观念体系来定。因为后代各种知识系统中，客观知识（天文学、地理学、数学）逐步独立于神秘观念之外，与《山海经》所处的原始文化环境大有不同。所以，后代不同学者根据自己时代的观念来确定《山海经》的性质就出现很多分歧。《隋书·经籍志》把《山海经》列入地理类之首。但是，宋代《道藏》收录《山海经》，是把它看做宗教性著作的。《宋史·艺文志》把它归入五行类，视为堪舆巫术。《四库全书总目提要》把它归入小说家。现代学者的归类更是五花八门。这一系列的矛盾反映了后代学者根据各自的知识系统来定位这部古书存在的困难。《山海经》的写实因素和虚构因素在不同时代、不同学者那里各有侧重，这是《山海经》学术史上对于此书不同定性的根本原因。所以，后代学者对于《山海经》归属问题的不同看法反映了《山海经》在不同时代所发挥的不同功能，也反映了不同时代社会文化和知识体系的发展状况。

《山海经》的国家属性

我认为，《山海经》是地理志，而且是国家统一编制的自然地理志和人文地理志。

《五藏山经》记录各种矿产资源非常之多，仅金属就有金、黄金、赤金、白金、铜、金铜、赤铜、银、赤银、赤锡、金锡、铁等，其中"多铁"的地方 37 处，"多铜"的地方 25 处，"多金"（其中大多都应该是铜）的地方 140 处，"多玉"的地方 214 处。这一切显示出《山经》的作者，或编辑者十分重视矿产资源。《五藏山经》中记录山区物产的先后顺序也值得注意，它对每一山的介绍中一般都是先介绍矿产，金、玉、铜、铁、锡等，然后才涉及草木、动物等。先列矿产、后列草木动物，这应该是按照其对于国家的重要性的顺序排列的。这些矿产对于当时的普通民众并没有特别意义，所以，《山海经》不是民间著作。

《五藏山经》的结尾处以大禹的口气总结全书的价值说：

天下名山，经五千三百七十山，六万四千五十六里，居地也。……天地之东西二万八千里，南北二万六千里，出水之山者八千里，受水者八千里，出铜之山四百六十七，出铁之山三千六百九十，此天地之所分壤树谷也，戈矛之所发也，刀铩之所起也。能者有余，拙者不足。封于太山，禅于梁父，七十二家。得失之数，皆在此内，是谓国用。

这段话充分说明了《五藏山经》所做记录的政治意义。地理空间和物产资源是建国的基础，是百姓生活的根据，又是战争发生的根源。有能力者拥有的资源绰绰有余，无能力者资源短缺。国家的得失兴衰，无不仰仗于它所拥有的地理资源。由此可见，作者的写作目的极其鲜明，就是要使国家了解这一切，掌握这一切。

古代国家对于地理资源的实际控制与上述观点完全一致。山、海资源在古代长期由国家专控，即所谓"山海之禁"。主要是控制山区的矿藏——铜、铁之类，和海水煮盐。前者是武器和铸币的原料，后者是赋税重要来源，都直接关系到国家兴衰。《逸周书》云："古者诸侯不过百里，山、海不以封。"诸侯国的规模控制在百里以下，同时其中的山、海还不属于诸侯。为的是防止诸侯控制山海资源，萌发造反之心。同时，《五藏山经》又记录全国山脉分布，河流走向，关系到各地之交通（至于其准确与否是另外的问题），也具有军事意义。《周官·夏官》中有专门官员："司险掌九州之图，以周知其山林川泽之阻，而达其道路。"另外，《五藏山经》中记载的怪物，往往有关于战争、丰歉等的征兆。《周官》中的"山师"、"川师"通过了解和控制这些信息来实现对于权力的控制。

《山海经》内容的重要性还可以从《周官》的政治制度看出一二。《周官》的年代有争议。按照钱穆的考证，《周官》为战国晚年书。其内容反映了周代社会的一些方面。《周官》中有各种掌管地理资料，以便利用其中资源开展工作的官职。例如：

《天官》云："司书掌邦之六典……邦中之版，土地之图。"

《地官》云："大司徒之职，掌建邦之土地之图，与其人民之数，以佐王安扰邦国。以天下土地之图，周知九州之地域广轮之数，辨其山林、川泽、丘陵、坟衍、原隰之名物，而辨其邦国都鄙之数……"

《地官》又云："遂人掌邦之野，以土地之图经田野，造县鄙形体之法。""土训掌道地图，以诏地事，道地慝，以辨地物……"

《夏官》云："司险掌九州之图，以周知其山林川泽之阻，而达其道路。"

《夏官》又云："职方氏掌天下之图，以掌天下之地，辨其邦国都鄙，四夷八蛮七闽九貉五戎六狄之人民与其财用，九谷六畜之数要，周知其利害。"

地图以及其中标记的各种资源成为多个政府职能部门掌握的必备信息，可以看出《周官》的作者是多么重视地理知识。而且，这种资料的使用范围还分成不同的等级，司书只掌握本邦国的"邦中之图"，司险才"掌九州之图"，只有大司徒和职方氏才"掌天下之图"，其内容也最为全面。由此可知，这套等级制可能属于机密等级，高级官员才能掌握更加全面的地图。因此，不会让普通人接触这些地理资料，尤其是其中大司徒和职方氏所掌握的"天下"一级的地理资料。仔细体味职方氏所掌握的材料，它与《山海经》全书所写内容具有某种一致性。既有国内的，也有国外的。既有自然知识，又有人文知识。这就暗示了与《山海经》同类型的图书的重要性。

从《五藏山经》中系统的山神崇拜和祭祀山神仪式看，它是系统的国家宗教，跟各地自然生长的、彼此差异巨大的民间信仰无关。

古代全国性的山川祭祀活动由天子掌握。《礼记·祭法》云："山林川谷丘陵能出云，为风雨，见怪物，皆日神。有天下者祭百神，诸侯在其地则祭之，亡其地则不祭。"《礼记·王制》又云："天子祭天下名山大川……诸侯祭名山大川之在其地者。"则祭祀山川之神固为国家祀典之重要组成部分，天子祭祀全国所有山川，诸侯只能祭祀自己辖区内的山川。《山海经》中东、南、西、北、中山范围遍及全国。可是其中的全部山神具有相当系统化的外形。《南山经》中的山神的形状分别是"鸟身而龙首"、"龙身而鸟首"以及"龙身而人面"，都有超现实的龙的部分形体，它们之间相当一致。《西山经》中的山神则分别是"人面马身"、"人面牛身"、"羊身人面"，都是用人和常规家畜的一部分彼此组合而成，它们之间也存在一致性。《北山经》的各位山神情况稍微复杂，有"人面蛇身"、"蛇身人面"的，也有"马身人面"、"彘身而载玉"、"彘身而八足蛇尾"，基本采用兽身人面的造型。《东山经》的山神形状分别是"人身龙首"、"兽身人面载觡"、"人身而羊角"，多数采用人身兽面，与《北山经》的神相反。《中山经》的山神形态则是"人面鸟身"、"人面兽身"、"状如人而二首"、"人面而三首"等。《五藏山经》各位山神的形状基本上都是采用人、兽、龙三者进行组合的结果。这些位于不同地区的神灵彼此相近，不可能是来自不同地区的地方宗教、民间宗教的神灵，而应该是同属于一种宗教体系，这和前文所言天子对全国山川的祭祀权力是一致的。考察对于这些山神的祭祀方式，也发现它们具有一致性，显然是国家的系统的祭典的模样。

国家控制神灵祭祀权，也是为了巩固对于矿产资源的占有。当时人相信矿产资源等都是山川神灵所赐，人们必须十分虔诚地祭祀山神才能得到矿产资源。

既然是国家地理志，那么为什么不见于当时其他著作的称引？正是由于《五藏山经》记录了全国重要的自然和人文资源，所以，它属于国家重要材料，甚至可以说是机密，当然不能让一般人随便知悉。私人著作引述它更是不太可能，这是《山海经》在战国时代知者甚少的直接原因。有学者根据其书名直到司马迁《史记》才第一次出现来判定《山海经》成书于秦汉时代是过分使用"默证"造成的错误。

春秋战国时代，周天子的权威彻底丧失，中国的战乱分裂局面持续了大约 500 年。周代王官之学流散了，《山海经》大约也随之流入某些诸侯国。各诸侯国需要了解和掌握本国内部和他国的各种资源，当然包括本国和他国的地理知识。举凡山川原野，道路交通、物产人文等等。这是战国时代《楚辞》、《吕氏春秋》等书的身份高贵的作者们能够接触《山海经》，并引用《山海经》内容的机会。根据《史记·屈原贾生列传》，屈原曾担任左徒。褚斌杰先生考证：左徒在楚国是兼掌内政、外交的重要官员。所以，屈原创作《离骚》、《天问》、《远游》得以引用《山海经》内容。公元前256年，秦灭东周，得到了所有"图书"资料。《吕氏春秋》是秦相国吕不韦主持，自然也有机会得到《山海经》。

但是，普通士人依然不能见到《山海经》。因为，地理资料是各国的高级机密，绝对不允许外人插手，尤其不允许敌对国插手。《管子·地数》中，管子答桓公问天财地用，云：

山上有赭者其下有铁，上有铅者其下有银。一曰"上有铅者其下有鈺银，上有丹沙者其下有鈺金，上有慈石者其下有铜金"。此山之见荣者也。苟山之见其荣者，谨封而为禁。有动封山者，罪死而不赦。……此天财地利之所在也。

伯高答黄帝"欲陶天下而以为一家"之方法时，不仅仅是用政治手段封山禁山，而且加上宗教手段。其文云：

上有丹砂者下有黄金，上有慈石者下有铜金，上有陵石者下有铅、锡、赤铜，上有赭石者下有铁，此山之见荣者也。苟山之见其荣者，君谨封而祭之。距封十里而为一坛，是则使乘者下行，行者趋。若犯令者，罪死不赦。

其下文举蚩尤获得葛卢之山、雍狐之山的"金"（铜）以后造成的战乱为例，说明君主垄断矿产——实际就是战略物资——的必要性。这段话揭示了山岭祭祀的政治目的就是通过设立祭坛禁止他人获得矿山资源发动叛乱。它表达了《管子》作者对于地理知识及其代表的国家资源的极端重视。

正是出于现实需要，各国也极力刺探对手情况。荆珂刺秦王，就是用燕国督亢之地图作为诱饵。这时的封山祭祀，也与

控制矿山这样的理性思考关联起来。原来的宗教祭山活动，现在成了现实政治活动。所以，在战国时代那样的政治局面下，任何全国性质的地理知识自然也会遭到控制。出于政治目的，控制《山海经》的流行也是自然而然的。顾颉刚在《禹贡（全文注释）》中认为："《禹贡》的著作时代正是《山海经》风行的时代"，即战国后期。但他对于《山海经》曾经风行没有提出任何证据。所以，王成祖批评此说"显然是一种主观设想"。笔者认为：相对于春秋以前的《山海经》完全封闭于周天子那里，而战国时代的《山海经》已经散布于各诸侯国，那么未尝不可以说：《山海经》的流传范围大了。但是，还没有到风行的地步。诸侯国的执政者也不希望它从自己手里再流传出去。

秦国于公元前 256 年灭东周，后来又统一全国，如愿以偿获得了"天下之图"以及相关资料。等到刘邦攻入咸阳，这些资料自然落入汉军手中。《汉书·萧何传》云："沛公（刘邦）至咸阳……何独先入收秦丞相御史律令图书藏之。沛公俱知天下阸塞，户口多少，强弱处，民所疾苦者，以何得秦图书也。"这里的"图书"就是地图和相关的书籍。《隋书·经籍志》沿袭此说，并有所增益：萧何"得秦图书，故知天下要害。后又得《山海经》"。那么，此时的《山海经》应该仍然是满足国家统治需要的重要著作，是一般人无法得到的"中秘书"。

——作者：陈连山，原载《民间文化论坛》，2010 年第 1 期

第三十三卷 《山海经》西王母的正神属性考

　　西王母故事的演变历程比较复杂，学界的认识不尽相同。但是，有一点比较一致，那就是认为最早的西王母材料——《山海经》中的西王母是一个可怕的凶神。这方面只有刘宗迪认为她不是凶神。我在研读《山海经》的时候，对这种"原始西王母凶神说"产生了一些疑问，同时对刘宗迪的部分论证也存疑。本文将细读经文，对西王母的原始性质进行一番新的考证和辨析。

有关西王母原始性质的
旧说的缺陷

现代学术界较早讨论西王母属性演化的是茅盾。他在 20 世纪 20 年代受到进化论和古史辨学派的影响，认为原始的西王母形象经历过三个大的演变时期。他认为《山海经》作于东周到战国，其中的西王母"豹尾虎齿，蓬发戴胜"，是半人半兽。她"司天之厉及五残"，是一位凶神。第一个演变时期是战国时代的《穆天子传》和汉代初年的《淮南子》。在《穆天子传》中，西王母很像人间帝王，能与穆王歌谣和答。在《淮南子》中，她又变为拥有不死药的吉神和仙人。第二个演变时期是《汉武故事》，其中，西王母拒绝给汉武帝不死药，而给了一个"三千年一著子"的桃子——这相当于次等的不死药。第三个演变时期是魏晋时代。在《汉武内传》中，西王母成为"年可三十许"的丽人，是群仙的领袖。至此，西王母的原始神话彻底转化为道教传说。

茅盾的说法影响很大，《山海经》中的西王母作为凶神似乎成为一个普遍的结论。但是，我对此有两个疑问。

第一，《山海经》原文只描述了她的外形是"豹尾、虎齿"，没有明言西王母的吉凶性质，也没有她赐福或降灾的故事情节供我们推测她的神格。茅盾对经文中西王母性质的解说来自郭璞，因为郭璞把"司天之厉及五残"解释为"主知灾厉、五刑残杀之气也"。但是郭璞的说法正确吗？茅盾对郭注的理解正确吗？

第二，从凶神到吉神的转换，存在巨大差距。茅盾对它们之间演化的原因所做的解释没有任何直接材料，只是根据文化进化论的一般原则做了一个说明：

因为"文雅"的后代人不能满意于祖先的原始思想而又热爱此等流传于民间的故事，因而依着他们当时的流行信仰，剥落了原始的犷野的面目，给披上了绮丽的衣裳。这是"好奇"的古人干的玩意儿，目的在为那大部分的流传于民众口头的太古传说找一条他们好奇者所视为合理的出路。

这段话也许可以解释为什么西王母不再是"豹尾虎齿"，但是没有说明为什么战国人会把一个令人恐怖的"凶神"转化为一个美丽动人的"人王"和掌管不死药的"吉神"。这前后之间的差距实在太大了，完全是对立的关系！那个最早的改造者依据什么把一个凶神改造成吉神？如果当时他的根据不足，他怎么可能说服其他人接受他的这个篡改呢？这是一个问题，需要作出合理的解释；否则这个演化理论就不能成立。

为了澄清认识，我们还是回到《山海经》原文中去。

《山海经》中的西王母的形象

　　《山海经》中涉及西王母的材料主要有三条。分别见于《西山经》、《大荒西经》和《海内北经》。上述各篇的成书时间先后，学界认识不一。一说认为《山经》（包括《西山经》）较为可靠，成书年代最早，大致在东周或战国初期，《荒经》（包括《大荒西经》）最晚，或许在汉代完成。例如茅盾和日本学者小南一郎就是这种看法。另一说则相反。例如，袁珂认为《荒经》（包括《大荒西经》）最早，《山经》（包括《西山经》）次之，《海内经》（包括《海内北经》）最晚。由于《山海经》各篇成书年代问题过于复杂，资料也不够，双方的说法也只是一个说法而已。另外，他们各自对于上述材料里面西王母性质的细微变化的解读并未超出原始凶神的范围，所以，本文不讨论各篇目的先后问题，而把它们视为一个整体来加以解读。

　　为了准确理解经文，我根据袁珂《山海经校注》把西王母材料的上下文全部引出，并给各段编码（M1、M2、M3）如下：

　　M1：《大荒西经》：“西海之南，流沙之滨，赤水之后，黑

2156

水之前，有大山，名曰昆仑之丘。有神，人面虎身，有文有尾，皆白，处之。其下有弱水之渊环之，其外有炎火之山，投物辄然。有人戴胜，虎齿，有豹尾，穴处，名曰西王母。此山万物尽有。"

M2：《西山经》："又西北三百五十里，曰玉山，是西王母所居也。西王母其状如人，豹尾虎齿而善啸，蓬发戴胜，是司天之厉及五残。有兽焉，其状如犬而豹文，其角如牛，其名曰狡，其音如吠犬。见则其国大穰。有鸟焉，其状如翟而赤，名曰胜遇，是食鱼，其音如录，见则其国大水。"

M3：《海内北经》："西王母梯几而戴胜（杖）。其南有三青鸟，为西王母取食。在昆仑虚北。"

上述三条材料中的西王母形象是基本一致的：M1 说她是"人"，M2 中说她"其状如人"，这些都表明西王母基本是人的形状。

这里的"蓬发戴胜"，郭璞注云："蓬头乱发。胜，玉胜也。"在一般情况下，把"蓬发"二字解释为"蓬头乱发"，是可以的。按照这种解释，西王母颇有些原始野蛮的色彩。不过，我怀疑这种解释在《山海经》中可能不很确当，因为这个西王母同时还戴着玉胜——胜原本是古代织布机上缠经线的横杆縢，两头有縢花。以縢为原形发展来的发饰玉胜，则可以卷头发——既然戴玉胜，似乎不应该再是蓬头乱发了。郭璞的上述解释存在自我矛盾。所以，这里的"蓬发"不能解释为蓬头乱发。蓬，可以是蓬大的意思。查《山海经》中《海内经》有云："北海之内，有山，名曰幽都之山，黑水出焉。其上有玄鸟、玄蛇、玄豹、玄虎、玄狐蓬尾。"玄狐作为动物，其尾巴不存在乱不乱的问题，所以它的"蓬尾"，郭璞注为："蓬，丛也……。《说苑》曰：'蓬狐文豹之皮'。"这里的"丛"是众多的意思。郝懿行云："《小雅·何草不黄》云：'有芃者狐。'言狐尾蓬蓬然大，依字当为蓬，《诗》假借作芃耳。"蓬尾，就是尾巴蓬大。既然蓬是蓬大，那么，西王母的"蓬发"似乎应该是头发很多的意思，所以她戴了玉胜。这样解释，"蓬发"与"戴胜"之间就不存在内部矛盾了。而西王母戴了"胜"的"蓬发"也就自然呈现出向上膨起的样子，正如浙江绍兴出土的东汉时代的画像铜镜所画的西王母样子。所以，"蓬发戴胜"的意思是西王母头发浓密，戴着玉胜。这表明西王母气度庄严，跟野蛮原始之气毫无关系。

当然，西王母也有一点动物特征——豹尾、虎齿。这是旧说判断西王母为半人半兽神的依据。我觉得这个判断有些过头了。M1 中"人面虎身"、"有文有尾"的"神"才是真正的半人半兽的神。西王母基本是人的形状，只是有一点动物特征而已。毕沅《山海经新校正》认为西王母是国名，"豹尾、虎齿、蓬发"只是"见其民俗如文身、雕题之属耳"，"戴胜言其民俗尚此饰也"。毕沅的解释完全违背《山海经》经文，不可取。

我也不同意那种把"豹尾、虎齿"解释为装饰物的说法。刘宗迪说《大荒西经》是根据古代历法月令图而来的述图文字，其中西王母的形象乃是古月令图上所画的秋冬之交的蒸尝

仪式上的祖妣之尸，《海内北经》和《西山经》后来沿袭了《大荒西经》的说法。"豹尾、虎齿、蓬发，或为祖妣之尸的扮相，豹尾、虎齿盖表明神尸身穿兽皮，以象征人类未有衣裳之时衣裘寝皮之义。"这种说法事实上取消了《山海经》中西王母崇拜的真实性。这里不讨论《大荒西经》是否是述图文字的问题。退一步说，即使那幅所谓的古月令图里有这样一个装饰的人物，但《大荒西经》作者之所以误解性地把这个图画人物解释为"西王母"，应该是这个图画人物正好可以印证原有的神话传说。"豹尾、虎齿"依然还是动物性的特征。至于这里的"豹尾、虎齿"是不是吃人的标志，需要综合考虑西王母的神性职能，留待本文第四小节讨论。

M2 多了一条"善啸"，小南一郎认为这是"像野兽吼叫那样的'啸'"。这是不对的。《山海经》中有叫声的动物很多，没有一种动物的叫声被称为"啸"。《说文》云："啸，吹声也。"《诗经·召南·江有汜》云："不我过，其啸也歌。"郑笺云："啸者，蹙口而出声。"可见，啸就是用嘴吹口哨，并非一些人理解的歌吟。魏晋时代颇有一些求仙人物都学习"啸"。因此，"善啸"只能表明西王母是神仙。

M3 中的西王母少了"豹尾、虎齿"，动物特征略少；而多了"梯几"，郭璞注云："梯，谓凭也"。梯几，就是手放在几案上。几案是古时候德高望重者所用的器具。所以，这里西王母的人性特征更加明显。

这三条材料虽然略有差别，但是其西王母都主要是以人的形象出现的天神。所以，这三条材料之间应该是互相补充的关系，而不一定是先后演化的关系。《山海经》中主要以人形出现的天神西王母，动物特征很少，至于所谓原始野蛮特征的"蓬头乱发"则是后人解说失误。这些就是西王母后来能够演化为美貌人王或女神的形象基础。

《山海经》中的西王母的居处

西王母的形象基本是人形，可是直觉上"豹尾、虎齿"毕竟很可怕。我觉得这需要参考她在神国的地位来理解。其实"豹尾、虎齿"代表的是一种威严，是其地位神圣的标志，并非是吃人的标志。

首先分析西王母的住处。在《山海经》中，西王母的明确住处有二，昆仑山和玉山。另有一个是不太明确的"西王母之山"，我们只能从山名推测它是西王母的居所。

M1 和 M3 都说她住在昆仑山。在 M1 前面，《西山经》解说昆仑是"帝之下都"，是天神在人间的都城。其中有可以战胜水的沙棠，可以解除忧愁的黄草。M1 承上省略，说昆仑山"万物皆有"。另外，《海内西经》云："海内昆仑之虚，在西北，帝之下都。昆仑之虚，方八百里，高万仞。上有木禾，长五寻，大五围。而有九井，以玉为槛。面有九门，门有开明兽守之，百神之所在。在八隅之岩，赤水之际，非仁羿莫能上冈之岩。"这样一个天堂般的神圣之地，当然不容人类轻易涉足。所以，M1 中此山守卫极其严密。山下有炎火之山环绕，又有弱水之渊环绕，山上还有人面虎身的神守卫。那么，住在这里的西王母当然是一个神圣的、不许凡人接近的天神。不过，这位女天神在昆仑山上的地位似乎不高，因为 M1 说她只是"穴处"，似乎没有住在巍峨的宫殿里。

在 M2 中，西王母住的是玉山。郭璞注："此山多玉石，因以名云。《穆天子传》谓之群玉之山。"由于古人相信玉能通天，多玉之山当然也是天神居住的。这也是一个令人向往的地方。玉山只有西王母一个神，可能是她的大本营。经文说"是西王母所居也"，没有说她"穴居"。

在《大荒西经》里，西王母还有一个不太明确的住地，在大荒之中的灵山以西：

M4："西有王母之山，壑山、海山。有沃之国，沃民是处。沃之野，凤鸟之卵是食，甘露是饮。凡其所欲，其味尽存。爰有甘华、甘木且、白柳、视肉、雎、璇瑰、瑶碧、白木、琅玕、白丹、青丹，多银、铁。鸾凤自歌，凤鸟自舞，爰有百兽，相群是处，是谓沃之野。

有三青鸟，赤首黑目，一名曰大鵹，一曰少鵹，一名曰青鸟。"

这段文字存在讹误。"西有王母之山"，郝懿行、王念孙、孙星衍、袁珂都举证认为当为"有西王母之山"。那么，这里应该是西王母的第三个住地。另外，还有一个讹误。"有三青鸟"以下文字不该另起一行，应该接着上文。在郝懿行《山海经笺疏》中正是如此。这里的三青鸟是为西王母取食物的鸟，

那么，从鏊山以下包括沃之野，都是它们取食的范围。这个"沃之国"是人间天堂，人类幻想的一切美好事物几乎应有尽有。

上述三处神圣之地，昆仑、玉山和西王母之山，无论如何不像是一个凶神居住的地方。居住在这些地方的西王母也不像是一个凶神。

西王母在神国的具体职掌

关于西王母在神国的具体职掌，M2 说她"司天之厉及五残"。厉和五残是什么？郭璞注云："主知灾厉、五刑残杀之气也。"这个解释是现代所有主张西王母是凶神的重要依据。但是，郭注存在不妥之处。厉为灾厉，可通。但是，把五残解释为"五刑残杀"的缩略语，是不对的。他大概是用后来的"五行观念"把西方看做"刑杀之气"的代表而得出的结论。事实上，《山海经》中并没有完整的五行观念。

郝懿行对郭璞有纠正。其《山海经笺疏》云："厉及五残，皆星名也。"先说五残星。《史记·天官书》云："五残星，出正东东方之野。"《正义》云："五残，一名五锋，出正东东方之分野。状类辰星，去地六七丈。见则五分毁败之征，大臣诛亡之象。"原来，这颗星一旦出现，就预示人间有灾难。它是灾难的预兆。郭璞释为"五刑残杀之气"是不对的。

郝懿行所说的"厉"比较复杂。由于古籍中未见以"厉"为名的星，所以郝懿行进行了一个复杂的推论："《月令》云：'季春之月……命国傩。'郑注云：'此月之中，日行历昴。昴有大陵、积尸之气。气佚，则厉鬼随而出行。'是大陵主厉鬼。

昴为西方宿，故西王母司之也。"意思是作为二十八宿之一的西方的昴星宿包括了一组星辰，就是大陵。大陵之中又有积尸星。那么，这里就是厉鬼之气聚集的地方。这些气一旦逸散，厉鬼就会出现。所以，大陵星决定着厉鬼的活动——"主厉气"。而西王母在西方，因此，应该主管西方的某些星宿。她是通过掌握西方昴宿中的大陵星中的厉鬼之气而掌管厉鬼的。郝懿行实际上是把"厉"解释为聚集"厉鬼之气"的大陵星。这个解说似乎过于曲折了。其合理之处在于说明了大陵星主厉气，但由此推论"厉及五残，皆星名也"，把"厉"说成大陵星的别名，稍显过分。毕竟古籍中未见所谓"厉星"。刘宗迪则简单地推论：既然"五残"是星名，而 M2 中五残与厉并举，那么"厉亦必为星名"。我觉得其说过于武断，上古时代的语法未必如此严整。所以，这个"厉"还是直接解释为厉鬼较好，厉鬼，即恶鬼。这方面，《左传·成公十年》有例子："晋侯梦大厉，被发及地，搏膺而踊。"那么，《山海经》中"天之厉"，就是天上的厉鬼，天上的恶鬼。当然它们也是危害人间的，所以，郭璞说"厉"是灾厉也是可以的。我们不必勉强解释为从来不见经传的"厉星"。

　　"司天之厉及五残"的意思是：西王母掌管天上的厉鬼，和一颗预示人间灾难的星辰。就是说，西王母能够预知灾害和死亡。灾害和死亡，当然很可怕。若是直接给人间降下灾祸和死亡，更加可怕，假如西王母是这样的，那当然是一个凶神。可是，天上的厉鬼是待在大陵星里面的，平时并不随意逸出。而五残是预示灾难和死亡的星辰，并非灾难本身。我们再看郭璞的注。郭璞尽管对"五残"的解释不准确，但是对于西王母的职掌说得很清楚："主知（着重号为引者所加）灾厉、五刑残杀之气也。"西王母是预知灾害和死亡，而不是直接降灾或杀人。茅盾等人对郭璞注的理解遗漏了"知"这个动词。这种预知灾害和死亡的能力实际是人类最大的希望。因此，西王母实际上掌握的是死亡的秘密，是人类最希望接近的天神。刘宗迪说："……西王母'司天之厉及五残'，谓西王母有伺察和控制灾害之气的神力，非谓其为降灾兴祸之恶魔也，恰恰相反，其'司天之厉及五残'，正是为了消灾祛祸，赐福人间。"这正是后代资料里西王母成为掌握不死药的神仙的基本前提。

另外，根据 M2，玉山上有一种怪兽狡，能够预示大丰收。还有一种怪鸟胜（据郭璞注）遇，能够预示水灾。它们似乎都归属于西王母。这表明西王母还具有预知丰收和水灾的神通。这当然也是人类迫切希望得到的秘密。

综上所述，西王母的神职就是预知各种灾害、死亡和丰收。因此，西王母本质上是一个具有正面性质的神，甚至是一个具有潜在吉利性质的神（她可能掌握着自己居住的昆仑山上的不死药，经文没有直接说。详见下文），绝非凶神。在《山海经》中，也没有任何有关西王母降灾、危害人类的事情。正是基于她的正面性质，人们才会想象她居住在前边那些美丽、神圣的地方。这样，她后来才能顺利演化为明确的人人向往的吉祥女神。

那么，为什么西王母又是"豹尾、虎齿"，显得十分可怕呢？豹子、老虎都是吃人的野兽，"豹尾、虎齿"是不是西王

母凶神本质的外在标志呢？

我认为西王母的"豹尾、虎齿"西王母神圣地位的标志，体现的是西王母的威严。或者说这是一种防卫措施，目的是防止人类随意接近。昆仑山是"帝之下都"，"万物皆有"，但是昆仑山下有炎火之山，有弱水，山上还有各种令人生畏吃人的神兽……只看这些，似乎昆仑山是一个恐怖之地。其实那里是人间最美的天堂。这些恐怖之物的存在，只是为防止人类接近。——任何一个能够避免信徒证伪的宗教都是这样处理自己的圣山和天堂的。同样的道理，拥有灾害和死亡机密的西王母也必须具有令人生畏的特征，不许人类随意接近。否则，灾害和死亡岂不变成人人可以战胜的儿戏了吗？神话作为一种本质属于虚构的信仰解说岂不太容易被证伪了吗？西王母的"豹尾、虎齿"不是吃人的工具，而是一种预防措施。因此，"豹尾、虎齿"不能作为西王母是凶神的证据。我想，这显示出《山海经》的作者们对于死亡的态度是非常严肃的。他们既希望获得西王母的帮助战胜死亡，又深知战胜死亡之不易。所以，才给这位神灵想象出"豹尾、虎齿"的模样，防止人类追求不死的欲望过分膨胀。这在事实上也保证了西王母的信仰不会轻易被证伪，从而得以长期延续。

《山海经》西王母与后代西王母职能的一致性

根据前文所考，《山海经》中的西王母是一个预知灾害、丰收和死亡的女神，其基本属性是正面的，甚至是吉利的，是人们从内心深处渴望接近的。不止是个人需要，国家也需要。灾害是每一个君主都要避免的，而丰收又是他们都需要的。刑罚（五方毁败、诛杀大臣）是国家政权的重要职能，如何使用刑罚，关乎国家命运。岂可不慎？因此，君主当然是关注西王母的。

在这方面，周穆王西行与西王母交往的故事出现年代最早。《竹书纪年》云："十七年，西征昆仑丘，见西王母。西王母止之，曰'有鸟人。'［其年］，西王母来见，宾于昭宫。"《穆天子传》说，穆王到达西王母之邦，与西王母在瑶池饮酒唱和。不过，这两条材料没有说明穆王是抱着什么目的见西王母的。

其实，中国从战国到汉代有一些传说，分别叙述尧和大禹求教、求福于西王母。贾谊《新书·修政语》上篇云："尧曰：'……身涉流沙，地封独山，西见王母。'"《荀子·大略》云："尧学于君畴，舜学于务成昭，禹学于西王母。"《易林》卷一

"坤之噬嗑"卦比较特别："稷为尧使，西见王母，拜请百福，赐我善子。"这是说的最清楚的，是去求福，求贤才了。小南一郎认为："这些中国的圣王就学于西王母的，不仅仅是知识，还有给中国带来平安的方法。"

我认为这些圣王见西王母的后代传说，都是基于《山海经》中西王母能够预知灾害、丰收和死亡的神力。

在后代传说中，西王母的最大职能是掌握不死药。目前，我们见到的汉代画像石、画像砖上，西王母是常见人物。通常，她身边都有一个捣不死药的兔子。《汉武故事》和《汉武内传》所讲述的汉武帝见西王母的最大目的就是寻求不死药。在这方面，《山海经》的西王母跟不死药有关系吗？

袁珂认为，西王母所掌管的灾疫和刑罚，都是有关人类生命的。西王母既可以夺取人生命，当然也可以赐予人生命。虽然，袁先生说西王母掌管灾疫和刑罚，不是很精确，但他的推论还是有一定道理的，他指出有这种可能。当然这只是一种可能，并非确然。否则，任何宗教里的死神都是可以赐予生命的了——而这不合常识。

《山海经》中西王母的确有可能掌握不死药。经文多次谈到不死药。其中昆仑山有不死树、不死药，只是经文没有明言西王母掌握不死药。但是，有一些细节暗示她具有这种职能。昆仑山是人类不能上去的，因为那里是神的居所，有不死药等神圣宝物。西王母住在那里，应该能够得到不死药。另外，前文所引《海内西经》叙述昆仑山的时候说："非仁羿莫能上冈之岩。"羿上昆仑干什么？应该是找不死药。找谁呢？经文没有说，似乎记录不完整，或流传中造成了经文的缺失。郭璞注云："言非仁人及有才艺如羿者不能得登此山之冈岭巉岩也。羿尝请药西王母，亦言其得道也。"这就是说，羿是从昆仑山西王母那里得到的不死药。郭璞的根据也许是汉代以后的传说，例如《淮南子·览冥训》中所说"羿请不死之药于西王母"之类的材料。这里有两种可能：第一，这些后代材料是从完整的《山海经》来的，弥补了今本《山海经》的缺失。第二，《海内西经》中羿不是到西王母那里，而是到别的什么神那里取不死药，那么郭注和《淮南子》中的相关内容就是后人根据《山海经》自然引发的。无论如何，汉代以后的西王母传说都和《山海经》具有某种一致关系。

《山海经》西王母与后代西王母职能的一致性保证了神话的自然演化过程。

第三十四卷　从清明上河图到帝禹山河图

中国人绘画的历史，肯定比使用文字的历史更悠久。事实上，中国的象形文字，原本就是一幅幅图画。在早期的中国象形文字里，有许多地名用字，这些地名字的图形结构往往就是对当地的地形地貌的描绘，也可以称之为地图。

在中国古代绘画门类里，含有地理、地形、地貌和人文景观的绘画作品，通常被归入山水画或界画（以建筑物为主体），以及风俗画，例如著名的《清明上河图》、《五台山图》。

地图是地理科学范畴的词汇，如果在其中注入文化艺术内涵，那么就可以称之为艺术地图。同理，在绘画作品中如果有着丰富的地理、地形、地貌信息，同样也可以称之为艺术地图。巨画《帝禹山河图》，则是一种新形式的艺术地图。

清明上河图

北宋政和三年（公元 1113 年），当时的宫廷画院学生王希孟，年仅 18 岁，用一幅整绢创作出《千里江山图》（横 1191.5 厘米，纵 51.5 厘米），轰动一时。或许，张择端创作《清明上河图》即受此事件启发。

画家张择端，字正道，一字文友，东武（今山东省诸城市）人。宋徽宗时为宫廷画家，活动于政和、宣和前后（公元 1111～1125 年）。张择端少年时到京城汴梁游学，后学习绘画，擅长界画（主要表现建筑物及其地理方位内容的绘画种类），尤喜画舟车、市肆、桥梁、街道、城郭，自成一家。张择端的绘画作品除《清明上河图》外，还有《西湖争标图》，描绘端午节龙舟竞渡的场景。遗憾的是，现存历史文献并无张择端生卒年月的记载，而他从事绘画活动期间，也正值蔡京、童贯等奸臣当朝，宋江、方腊起义，宋徽宗禅位，金兵屡犯，北宋王朝旋即蒙受"靖康耻"（1126 年底）。

《清明上河图》是我国古代风俗画与人物画、山水画和界画相结合的巨幅绘画作品，长卷绢本，纵 25.5 厘米，横 525.5 厘米，画面面积 1.36 平方米，描绘的是北宋京都汴梁（今河南省开封市）在清明节这一天的市井风俗景观。该作品以汴河船运场景为核心，采用"散点移动透视"的写实绘画技法，依次绘出沿途茅蓬村舍、扫墓送碳、南商北贾、市井桥梁、大街小巷、官府宅第、寺庙道观、百肆杂陈，以及当时社会各阶层人物500余人（包括服饰、动作、神态和相关的器物、牲畜）。《清明上河图》自问世后，经历代名人收藏，已成为中国古代绘画珍品，现收藏于北京故宫博物院，而民间复制品（包括绘画复制品，以及浮雕、刺绣等其他绘画艺术载体复制品）则广为流传。

异兽：《英招》人面马身，有虎纹，生鸟翼，声音如榴。号称是替天帝看花园的神，但看起来充其量不过是只神兽而已. 英招参加过几百次征伐邪神恶神的许多战争，是保护世代和平的保护神之一。英招也是百花之神的朋友。

异兽：《鸣蛇》《山海经（中次二经）》："大体如蛇，但有四翼，发磬磬之音。见则其邑大旱。"

敦煌五台山图

敦煌第 61 窟有一幅壁画，内容是五台山全景，高 3. 42 米，横 13. 45 米，总面积 46 平方米。画家（无名氏）从鸟瞰的视角，描绘出五台山地区地形地貌和寺庙景观（多达 176 座建筑物），朝拜人（多达 400 余人）的行貌，所绘地理范围从河北省井陉县到五台山，涉及沿途百余公里的山川地貌（其路线与穆天子西征的前段路途相同）。

我国著名建筑学家梁思成曾经三赴五台山，目的是寻找一座唐代木结构的寺院，名叫佛光寺，然而三次寻访均未果。一个偶然的机会，梁思成见到了敦煌第 61 窟的壁画"五台山图"，上面清晰地标注着一个名叫"大佛光之寺"的寺院。

1937 年 6 月（幸亏赶在日本法西斯发动全面侵华战争之前），梁思成先生以"五台山图"作为考察路线地图，与妻子林徽因一起带领中国营造学社几名成员进入五台山地区，寻找佛光寺。梁思成夫妇按图索骥，终于在第 4 次上五台山的时候，在深山密林中找到了这座建于唐大中十一年（公元 857 年）的寺院佛光寺，这是他们一生中最重要的发现之一，从此佛光寺被国际建筑界称作"亚洲佛光"。

帝禹山河图

　　画家孙晓琴根据笔者（王红旗）对《山海经》的远古信息解读以及地理方位的全面考证，于 1999 年 9 月 9 日绘制完成巨画《帝禹山河图》，将《五藏山经》记述的东西南北中 5 个区域 26 条山脉 447 座山，及其相关的 258 处水系、348 处地望、673 处矿物、525 处植物、473 处动物、95 处人文活动场景，基本上全部绘于 42 平方米的画面之上。此图是根据古文献记载重新复原绘制的历史最古老、画面最大、文化内涵最丰富的艺术地图，具有极高的科学与艺术收藏价值。

　　《帝禹山河图》采用鸟瞰、侧视等多种视角和比例变换，描绘的地理范围，南至台湾海峡，北至蒙古高原，西抵天山山脉，东达日本列岛。根据《帝禹山河图》可以直观地了解到古今地形地貌的差异，这种差异主要表现在海岸线与湖泊上，因为山脉在几千年的时间里是不会有大的变化的。具体来说：

　　一、当时华北地区的海岸线比今日偏西，胶莱平原尚被海水分隔。

　　二、当时的黄河河套一带为湖泊或沼泽，如今这里是肥沃的良田（黄河百害，唯富一套，指的就是河套地区的良田）。

三、当时北方有许多大湖泊和湿地，如今它们基本上都已经干涸了。

四、今日的长江中游平原，当初是广阔的湖泊湿地（云梦泽）。

五、《山海经·五藏山经》很少记述今日华北平原和黄淮平原的人类活动情况，表明当时这些地区属于沼泽湿地，因此不太适宜人类的定居生活。

艺术地图，大有前途

《清明上河图》描绘的地理范围是一个城市的一条河（街道），涉及面积数十平方公里，其画面场景距今 890 余年。

《五台山图》描绘的地理范围是一个区域的群山和建筑群，以及相关的山脉（太行山山脉、五台山山脉），涉及面积数百平方公里，其画面场景距今约 1500 年。

《帝禹山河图》描绘的是华夏大地，涉及面积数百万平方公里，其画面场景距今 4200 年或者可能更远。需要指出的是，《帝禹山河图》系现代人根据历史文献复原再现那个时代的自然和人文景观，而《清明上河图》和《五台山图》则是当时的人根据当时的情况绘制的当时的场景并流传至今。

综上所述，艺术地图，无论是古人所绘，还是今人所绘，都属一种高度信息集成的绘画品种，可以记录并直观地表现某个历史时期在某个地理区域里，发生过或者存在着什么样的自然景观和人文景观。对比之下，普通的山水画，或者随意涂抹的山水画，由于它们缺少明确的地理方位信息和历史时间信息，因此其信息价值也就不可能很高。

　　从这个角度来说，艺术地图就像是一幅定格的历史新闻图片，具有时间、地点、事件新闻三要素。由于艺术地图具有这种其他绘画品种所没有的艺术特点，因此它也就具有不能替代的独特艺术价值和广阔的艺术前途。

　　事实上，我们需要创作绘制许多艺术地图。例如，《华夏远古文明图》、《炎帝事迹图》、《黄帝山河图》、《帝舜南巡图》、《大禹治水图》、《穆天子西征路线图》、《秦皇一统图》、《大汉雄风图》、《盛唐景观图》、《唐僧取经路线图》、《郑和下西洋路线图》、《万里长征路线图》，以及《人类文明景观图》、《世界华人景观图》，等等。

　　一朵梅花是美丽的，一只虾米是有趣的，一山一水是令人向往的，一笑一颦是令人回味的。但是，我们的宇宙，我们的自然，我们的生命，我们的乐趣，并不总是或全都是上述这些常见的事物。我们的艺术家有责任再现更多更广更深层次的各类事物及其场景，这是因为一个原子也同样是美丽的并且可以欣赏的，一条基因也是一种艺术的存在，而各个时代的山河人文景观同样属于艺术描述的对象！

第三十五卷　嫦娥的伟大献身精神

嫦娥奔月是中国远古神话传说，寄托着人类星际旅行的愿望，其文字记载首见于《淮南子·览冥训》："羿请不死之药于西王母，恒娥窃以奔月。（托身于月，是为蟾蜍，而为月精）。怅然有丧，无以继之。"高诱注："恒娥，羿妻；羿请不死之药于西王母，未及服食之，恒娥盗食之，得仙，奔入月中为月精也。"这里《淮南子》避汉文帝刘恒讳，将恒娥的"恒"字改为女字旁，"恒"与"常"通，"常"用于女性名称时亦作"嫦"。

对于嫦娥"窃仙药"的行为，历代文人亦多有微辞，他们认为嫦娥在月亮上"捣药"，以及变成丑陋的蟾蜍，都是对她的惩罚，她应该后悔才是。例如，唐代诗人陈陶《海昌望月》称："孀居应寂寞，捣药青冥愁。"李商隐《嫦娥》云："云母屏风烛影深，长河渐落晓星沉。嫦娥应悔偷灵药，碧海青天夜夜心。"

笔者认为，上述文人都误解了嫦娥奔月故事的科学文化内涵。事实是，嫦娥"窃药"和"奔月"，是在履行女巫职责，为了拯救生灵、禳解天灾而英勇献身。2009 年 10 月 3 日中秋节，笔者夜观明月，触景生情，认为有必要再撰一文为嫦娥"窃药"正名。

《山海经·大荒西经》："有女子方浴月。帝俊妻常羲，生月十有二，此始浴之。"

所谓常羲"生月十有二"，即制定一年十二个月的历法；所谓"浴月"，实际上是演示月历的巫术形式。这表明我国目前使用的农历（属于阴阳合历），最迟在《山海经·大荒四经》时代就已经形成了（《大荒东经》同时还记有"羲和生十日"，

嫦娥奔月

即十日为一旬，属于太阳历）。据此可知，常羲亦即嫦娥乃是观察月亮圆缺运行的天文巫师。

笔者在二三十年前就指出，嫦娥奔月与羿射十日、女娲补天、十日炙杀女丑、夸父逐日、共工撞倒不周山，还有至今仍然在我国流传的近百个有关多日多月并出的民间故事，记录的都是同一次天地大冲撞事件（天外星体撞击地球），以及当时人们所采取的巫术禳灾活动。嫦娥所"窃"之"药"实际上是一种深度迷幻有毒之药，其目的是通过免征着以身许月的"奔月"来禳除"带来灾难的怪月"，并为此勇敢地献出了自己宝贵的生命。

许多科学家都相信，月球上的陨石坑有一部分是月球的卫星（笔者建议称之为"护星"）落月时撞击形成的。与此同时，笔者认为还有另一种情况，即月球的护星被地球捕获，先是成为地球的临时卫星，然后渐渐地接近地球，并最终落到地球上。

　　具体来说，7500 年前至 11000 年前，曾经有一颗月球护星被地球捕获成为地球的临时卫星。此后这颗临时卫星与地球大气层剧烈摩擦发光，并分裂成数块，这就是十日并出、后羿射日、女娲补天、嫦娥奔月、共工撞倒不周山等神话传说故事的由来。有关详情可参阅八纮九野丛书《解读远古密码》（中国国际广播出版社）、《神秘的星宿文化与游戏》（解放军文艺出版社）、《全本绘图山海经》等书，以及《我们远古祖先经历过的天地大冲撞事件在民间留下的不灭印记》、《嫦娥：禳灾巫术的牺牲者》等文。

　　值得注意的是，瑶族民间故事称，古时天空只有日而无月和星，忽一天，空中出现一怪月，七棱八角，其热胜日，禾苗枯焦，人不得眠；有青年夫妇，雅拉善射箭，尼娥长织锦；雅拉登山射怪月，月之棱角被射去成为闪烁众星，而怪月毒热依然，人皆难安；尼娥织锦，锦上绣有桂树、白兔、白羊和自己的形象；雅拉接受尼娥的建议将锦射向怪月，蒙遮怪月，其光不再毒热，月光清幽，众皆欢笑；锦上所绣诸物俱活，地上尼娥飞人月中合为一体，尼娥以长发垂下，雅拉亦得以升入月中。显然，瑶族流传的雅拉、尼娥夫妻射月故事，比汉族流传的后羿射日、嫦娥奔月故事，更符合那个洪荒年代突发灾难事件的原貌。有趣的是，在美洲童话故事里，则说是神将一只兔子扔到多出的并给人间造成灾难的太阳上，使其变成了月亮，与嫦娥奔月变成蟾蜍玉兔有异曲同工之妙。

第三十六卷 《山海经》里的生命树

圣诞树·摇钱树
源于《山海经》里的生命树

中国人有摇钱树、三珠树，西方人有圣诞树、星星树，它们的渊源在哪里？它们折射出的东西方文化差异又是什么？这些都是人们感兴趣的问题。

在中国民间年画中，经常可以见到摇钱树，一棵挂满了铜钱的大树，几个童子，有的持竹竿打树上的铜钱，有的在地上拾铜钱，有的抬着满筐的铜钱高高兴兴把家还。这样的场景至少在东汉后期就有了，在四川出土的东汉陶器里，有一种状如盆而无底的陶器，器皿的表面雕绘有各种吉祥图案，其中便有摇钱树，画着用长杆打钱树上铜钱的人，以及拾取落地铜钱挑走的人。也就是说，在两千年前，中国古人就把聚宝盆和摇钱树结合在一起，寄托着对财富的渴望。

关于摇钱树的来历，一般认为出自《三国志·魏志》所引《邴原别传》的一则故事，一个叫邴原的人，在路上拾得一串钱，由于找不到失主，他就把钱挂在一棵大树上。随后路过此地的人，见到大树上有钱，以为是神树，于是纷纷把自己的钱也挂在树上，以祈求来日获得更多的钱，从此人们就形成了摇钱树的习俗。

圣诞树顾名思义与圣诞节有关，西方人（主要指有基督教、天主教背景的民族）最重要的节日是圣诞节，这是一个纪念基督耶稣诞生的节日。相传基督诞生在两千年前，当时的一个名叫玛利亚的童贞女未婚受孕，圣种来自天主；那一年，罗马皇帝奥古斯都下令进行人口普查，玛利亚不得不急匆匆赶回祖籍地伯利恒；12 月 25 日夜，玛利亚在早已住满人的客店的马厩里，生下了基督耶稣；与此同时，一颗异样的新星出现在天空，队队天使从天而降。

在圣诞节摆上庆祝节日的圣诞树的习俗，大约盛行自 18 世纪的欧洲，届时基督徒们从树林里砍下塔形的松树或柏树，运回家中，在树上挂满彩带、玩具、礼品，以增加节日的喜庆气氛。关于圣诞树的来历，流行的说法是古时候，一个农民在圣诞夜款待了一个饥寒交迫的儿童，儿童临走时折下一支杉树枝，插在地上，树枝立即长成一棵树，这个神秘的儿童祝福农民说："年年此日，礼物满枝，留此美丽杉树，报答你的善心。"

不过，在许多情况下，一种民间习俗的渊源，往往比人们想象的时间要早。事实上，圣诞节的习俗有一部分就来自非常古老的冬至节，冬至是太阳从"远方"回头的日子，从这一天开始，太阳一天比一天升得更高，白天越来越长，阻光越来越热。为了提醒太阳及时"回头"，远古时代的人们甚至要向太阳神献上人牲。

那么，摇钱树和圣诞树的文化渊源究竟是什么呢？笔者认为它们都源自古老的巫术道具神树（包括星星树和生命树）。

欧洲人很早就崇拜星星树，相信挂满星星的树是神秘的树，具有神奇的力量，并能够预示未来。显然，这种想法源自对星星的崇拜，特别是天空中的亮星和新星。不过，由于欧洲人有文字记载的历史并不长，因此我们不知道他们对星星树的崇拜究竟源自何时。

有趣的是，中国人对神树的崇拜却由来已久，撰写于三四千年前的中华文明宝典《山海经》里就记载着许多神树。根据笔者考证，《山海经》是由四个历史时期的典籍资料合辑而成，它们分别是帝禹时代的国土资源考察白皮书《五藏山经》，夏代的人文地理文献《海外四经》，商代的自然地理和人文地理文献《大荒四经》，周代的人文地理、历史地理资料《海内五经》。

《全书绘图山海经》解读的华夏远古文明中的神树大体可分为如下几类。

用于天文观测的神树

《海外东经》："下有汤谷。汤谷上有扶桑，十日所浴，在黑齿北。居水中，有大木，九日居下枝，一日居上枝。"

汤谷又称阳谷，郭璞注："谷中水热也。"扶桑又称扶木，《文选·思玄赋》注引《十洲记》："叶似桑树，长数十丈，大二十围，两两同根生，更相依倚，是以名之扶桑。"所谓"十日所浴"云云，表明这里是举行演示太阳运行巫术活动的地方，演示者即《大荒南经》记述的"生十日"的羲和，而汤谷、扶桑则是演示场景和道具。这是因为，古人直观看到火热的太阳升于东海之上，便推测想象太阳升起的地方是一处热水沸腾的山谷，并称之为汤谷。与此同时，由于古人采取甲乙丙丁戊己庚辛壬癸十天于记日，十日为一旬，周而复始，便认为天上共有十个太阳，它们轮流东升西落，其模拟场景即"九日居下枝，一日居上枝"。因此"扶桑"当有"不丧"、"无伤"之义，亦即该树不会被太阳炙伤。

《大荒西经》："西海之外，大荒之中，有方山者，上有青树，名曰柜格之松，日月所出入也。"

经文"柜格之松"，长期无解。其实，根据"日月所出入"

可知，柜格之松当与天文观测活动有关，而"方山"很可能是一座四方台形的天文观测站。所谓松木上有柜格，大约是在一笔直竖立的松木上，横向平行插有或绑有若干横木，这些横木彼此相隔一定的尺寸；观测者每天都在距离柜格松的一个固定位置上，观测日月升起的高度在第几格的横木上，并据此判断一年的季节变化（最高的横木表示夏至，最低的横木表示冬至）。也就是说，柜格松可能是最早的天文仪器之一，亦即后世圭表的前身。事实上，圭字和表字，正是源自柜格松的象形。不过，由于这种观测方法眼睛容易被灼伤，以后人们才逐渐改为观测圭表影子的方向和长短，不再需要"柜格"了。《拾遗记》亦记有："帝子（少昊）与皇娥泛于海上，以桂枝为表，结熏草为旌，刻玉为鸠，置于表端，言鸠知四时之候，故《春秋传》曰司至是也，今之相风此之遗象也。"

树　鸟

《海内西经》："开明南有树鸟，六首；蛟、蝮、蛇、雄、豹、鸟秩树，于表池树木，诵鸟、鹝、视肉。"

所谓树鸟六首，其形貌即图腾柱，同时又是路标，即每一种"鸟"代表一个图腾，每个图腾鸟所指的方向即该图腾部落或氏族的栖息地，此外它还有指示时间的作用。所谓表池树木即在华池中树表，亦即华表，为聚众议事的场所。所谓诵鸟即传达首领旨意的官员，其身份由其所持鸟羽为代表，后世"拿着鸡毛当令箭"或亦源于此。

通天的天梯

　　《海内南经》：“有木，其状如牛，引之有皮，若缨、黄蛇。其叶如罗，其实如栾，其木若区，其名曰建木。在窫窳西弱水上。”

　　所谓建木如牛，郭璞注：“《河图玉版》说，芝草树生，或如车马，或如龙蛇之状，亦此类也。”其实，牛字本有大意，植物种之特大者，其名前可加牛字形容。所谓“引之有皮”者，即剥下的建木树皮有丝絮状如冠缨或黄蛇。所谓“其叶如罗”，或谓绫罗，或谓网罗，或亦可指其树的树叶呈星罗棋布状。栾木已见《大荒南经》云雨山“群帝焉取药”。郝懿行认为区即刺榆。《海内经》记有九丘建木，袁珂认为建木即“天梯”。

玉　树

《海外南经》："三株树在厌火北，生赤水上，其为树如柏，叶皆为珠。一曰其为树若彗。"

三株树又称三珠树，陶潜《读山海经》有"灿灿三珠树，寄生赤水阴"之句。陶潜又名陶渊明（公元365或376年～427年），字符亮，寻阳柴桑人（今江西九江），曾任彭泽令，因不肯为五斗米折腰而去职归隐田园。陶潜晚于郭璞，他们所看到的山海经图均缺少山川地形地貌距离等地图要素，属于一幅幅插图性质。

郝懿行认为，《庄子·天地篇》"黄帝游乎赤水之北，遗其玄珠"的故事，即源于此处三珠树的记载。当年黄帝北渡赤水，登上昆仑丘，归途时不慎遗失玄珠，黄帝先后派善于思考的人、眼力好的人、勤问的人寻找玄珠却都没有找到，后来派一个名叫"罔"的人，他迷迷糊糊地就把玄珠找到了。袁珂认为这个古老的神话传说故事并非纯粹寓言："意者此生赤水上之三珠树，或为黄帝失玄珠神话之别传，为所失玄珠所生树乎？"据此，三珠树实际上可能是人工用珠玉装饰的玉树、神树、星星树，亦即后世的摇钱树和圣诞树。

《海内西经》："服常树，其上有三头人，伺琅玕树。"

郝懿行认为三头人与《海外南经》三头国属同类，并引《艺文类聚》（卷90）及《太平御览》（卷915）引《庄子》曰："老子见孔子从弟子五人，问曰：'前为谁?'曰：'子路为勇。'其次子贡为智，曾子为孝，颜回为仁，子张为武。老子叹曰：'吾闻南方有鸟，其名为凤，所居积石千里。天为生食，其树名琼枝，高百仞，以璆琳琅玕为食。天又为生离珠，一人三头，递卧递起，以伺琅玕。凤鸟之文，戴圣婴仁，右智左贤。'"袁珂注："离珠，即离朱，黄帝时明目者，此一人三头之离珠又为日中三足神禽离朱演变而成者。"

郭璞注："服常木，未详。"《淮南子·地形训》记有"沙棠、琅玕在昆仑东"，吴任臣认为此处"服常疑是沙棠"。其实，服为服事、服役，常为旗帜，《周礼·春官·司常》："王建太常，诸侯建旗。"郑玄注："王画日月，象天明也。"据此，服常树实际上是一杆大旗，三头人即警卫队，他们负责看护琅玕等重要景点。所谓"三头"乃三种面具，以表示其工作状态，例如执勤、巡逻、休息等。

不死树

《海内西经》："开明北有视肉、珠树、文玉树、玗琪树、不死树。凤皇、鸾鸟皆戴瞂。又有离朱、木禾、柏树、甘水、圣木曼兑，一曰挺木牙交。"

根据《山海经》的惯例，凡是有视肉、不死树等物的地方，通常都是先祖陵墓的所在地，或者是后人祭祀先祖的场所。从开明北的场景可知，这里是黄帝族祭祀先祖的场所。珠树，袁珂认为即《海外南经》的三珠树。文玉，郭璞注："五采玉树。"玗琪，或谓即珊瑚树；其实，它们均为象征不死的神树或随葬玉器，已见于《海外南经》狄山帝尧、帝喾葬所。瞂，盾也，戴瞂即佩戴瞂状饰物，当是祭祀先祖时的特定装饰。此处"甘水"疑当作"甘木"，因前后叙述的都是具有巫术象征意义的神树。圣木曼兑又名挺木牙交，或谓即璇树。不过，从其名称来看，其形状类似圭表或柜格松，当有着某种天文巫术象征作用，可能具有沟通人与天的神力。

《大荒南经》："有不死之国，阿姓，甘木是食。"

郭璞注："甘木即不死树，食之不老。"其实上文"方食木叶"当移至此处，甘木树叶可能具有某种兴奋作用，服食者会进人飘飘欲仙的状态（这是巫师在举行巫术时所需要的）；或者具有健身功效，食者可长寿；或者具有防腐作用，可使尸体不腐；凡此种种均可形成"不死"的传闻。

如果把上述五种神树的功能合一起来，那么它的形状正是星星树，即在树上装饰着象征神秘力量的星星，或者星星的替代物（闪闪发光的珠玉、金属片）。事实上，在四川广汉三星堆出土的三千多年前的青铜神树，树上的装饰物虽然包括鸟、兽、龙、蛇，但主要的还是鸟，而鸟在远古则是星星的象征物，例如用三足乌或金凤象征太阳。

无论是对于东方人来说，还是对于西方人来说，在他们文明初开的时代都会不约而同地认为，树的生命力非常旺盛，而星星则是宇宙的眼睛，两者的结合理所当然具有神秘的力量，这就是崇拜星星树的理由。问题是，为什么对星星树的崇拜，在中国演变成了对摇钱树的喜爱，而在欧洲则演变成了圣诞树的习俗？其实，圣诞树的功能与摇钱树并没有本质的差异，区别仅在于西方人把星星树与宗教结合在一起，又把圣诞树变成了一项大宗商品；对比之下，中国人则把生命树变成了直白的赤裸裸的财富欲，以致失去了原本对生命树寄托的开放的想象力，结果反而没有形成多少商品价值。

第三十七卷　帝禹时代曾经实地考察济州岛

　　《山海经》自古号称世界奇书，它是一部非常有趣和特别神秘的书，也曾经是而且将继续是一部具有迷人信息和实用价值的书，因为它记录着丰富的先秦中华民族和远方异国的文明历程，以及自然环境生存资源信息和人文环境生存资源信息，内容涉及到天文历法资源、地理矿产资源、生物资源和人文资源等不可或缺的宝贵的生存资源信息，因此它长期被先秦历代王朝密藏不露，直到汉代才解密公开于世。即使到了今天，《山海经》记载的中华民族远古自然环境资源信息和人文环境生存信息，仍然在诸多方面和诸多领域有着不可替代的价值。

　　具体来说，《五藏山经》是帝禹时期的国土资源考察报告，理由是其中没有涉及到帝禹时期之后的内容。《海外四经》是夏代的人文地理文献，理由是其中没有涉及到夏代之后的内容。《大荒四经》是商代的自然地理和人文地理文献，理由是其中没有涉及到商代之后的内容。《海内五经》是周代的历史地理文献，理由是其中记述有春秋战国时期的地名，并且热衷于追溯商代、夏代、帝禹时期甚至更古远的历史沿革。

　　历史巨画《帝禹山河图》就是对《五藏山经》记述远古信息的全景再现（见本书插页）。其中《东山经》的第三条山脉所记诸山（亦即地理标志点），就在今日山东半岛的胶莱平原（7400～4200 年前被海水淹没）和黄河、东海诸岛屿上。

　　笔者在《全本绘图山海经·五藏山经》中指出，《东山经》第三条山脉的孟子山或岐踵山，两者之一就是今日的济州岛；也就是说，早在公元前 2200 年前的帝禹时代，中国的地理资源考察队就已经登上了济州岛进行了实地考察活动。

《东山经》："又东次三经之首，曰尸胡之山，北望㓹山，其上多金玉，其下多棘。有兽焉，其状如麋而鱼目，名曰妴胡，其鸣自叫。又南水行八百里，曰岐山，其木多桃李，其兽多虎。又南水行五百里，曰诸钩之山，无草木，多沙石；是山也，广员百里，多寐鱼。又南水行七百里，曰中父之山，无草木，多沙。又东水行千里，曰胡射之山，无草木，多沙石。又南水行七百里，曰孟子之山，其木多梓桐，多桃李，其草多菌蒲，其兽多麋鹿；是山也，广员百里，其上有水出焉，名曰碧阳，其中多鳣鲔。又南水行五百里，曰流沙，行五百里，有山焉，曰跂踵之山，广员二百里，无草木，有大蛇，其上多玉。有水焉，广员四十里皆涌，其名曰深泽，其中多蠵龟。有鱼焉，其状如鲤，而六足鸟尾，名曰鮯鮯之鱼，其鸣自叫。"

笔者认为，东次三经诸山在东次二经诸山的东面，按方位东次三经的前几座山当在今日山东半岛的胶莱平原一带。但是，东次三经诸山彼此都被海水分隔，而今日山东半岛并无此种地貌景观，黄海上也没有什么值得一提的海岛，这使许多学者都大惑不解，有的学者只好勉强将其说成是浙江、福建沿海的舟山群岛等地。其实，在据今 4200 年前至 7400 年前（或更早一些）之间，今日的胶莱平原被海水淹没，其中的高地则出露海平面为山为岛，东次三经描述的正是那个时代的地形景观，经文多处出现"广员百里"的说法则是对海岛地形的准确记述。

值得注意的是，东次三经前 4 座山（未计㓹山）均为从北向南走向，至中父山之后转向"东水行千里"至于胡射山；考虑到海上距离的测量误差较大。胡射山有可能是今日朝鲜半岛西南海域的大黑山岛，而孟子山则可能是今日的济州岛。孟子山或作孟于山，这里发源的水名叫"碧阳"，很像是瀑布的写照。广员又称广轮、广袤、广运、幅陨，古人以东西为广、南北为轮，《周礼·地官·大司命》："以天下土地之图，周知九州岛之地域广轮之数。"

跂踵山广员二百里，其上有涌泉广员四十里，当地出产大蛇和甲壳上有文采的大龟，以及形貌有特色的鮯鮯鱼，根据上述情况我们有希望在今日东海（包括朝鲜半岛、日本列岛，以及琉球列岛）找到它。考虑到现存版本《五藏山经》记述的同一条山脉中，普遍存在着山与山的前后位置错位现象；因此跂踵山也可能与孟子山错位，也就是说跂踵山也有可能是济州岛。济州岛是东海诸小岛中面积最大的一座，方圆 1484 平方公里，岛上最高峰（也是韩国的最高峰）中央峰海拔 1950 米，系火山喷发而成（最近一次喷发在公元 1007 年），当地人称汉拿山或瀛洲山，意思是身手可以抓住天上的银河。目前全岛计有 360 多座休眠火山，众多的瀑布和熔岩洞窟群，还有独特的柱状节理岩石，植物、昆虫种类繁多，水产品、海产品丰富。

有必要指出的是，帝禹时代的国土资源考察活动，乃是人类最早最大规模的地理大发现；对比之下，同时期的古埃及人则在忙着为法老修建金字塔状陵墓。笔者希望，今天的中国人能够发扬帝禹时代的探索开拓精神，勇于探索未知的世界，勇于创建前所未有的新学说、新理论，例如生命智力学暨智因进化论、人造地形气候学等。

第三十八卷 屈原与《山海经》

屈原与《山海经》

路漫漫其修远兮，吾将上下而求索——屈原这种持之以恒的求索精神，激励着无数后来人，笔者亦在其中，已成为中华民族的宝贵财富。在中学时，笔者知道人的大脑也是由物质构成的，就开始了求索一个问题：一种物质为什么能够认识另一种物质？20 世纪 70 年代初，我读到了薛定谔的《生命是什么?》一书，该书第10 页讨论的问题是"有机体的活动需要精确的物理学定律"，当时我在这一页的页边写了一句话"物质怎样去认识物质本身"。

对这个问题的求索，至今已经持续了四十年之久。令笔者欣慰的是，笔者找到了答案，超越了达尔文的古典进化论，创建出全新的生命智力学暨智因进化论。生命智力学暨智因进化论的核心内容是，生命与生命智力同时起源、同步进化，生命智力的实质是使用间接信息达成期望效应。所有的生命都拥有生命智力，不同的生命拥有不同结构、不同形式和不同层次的生命智力，生物进化的实质是生命智力主导实施的生存方式多样化和生存技术复杂化。地球上的生命具有多种形式、多种层次的生命智力或生命智力系统，它们主要有 DNA 生命智力系统、细胞膜生命智力系统、细胞膜网络生命智力系统、神经元细胞生命智力系统、大脑细胞生命智力系统，等等。其中，DNA 生命智力系统主要由基因和智因组成，智因即正在形成过程中的新基因。"我"就是生命智力系统的自觉，"灵魂"属于高级层次的生命智力。

为了表达对屈原的敬意，2003 年笔者和夫人画家孙晓琴合作撰写出《屈原诗歌图解》一书。庚寅年五月初五端午节，为了寄托对屈原的怀念，特意撰写了《屈原熟读山海经：求索精神是中华民族宝贵财富》一文，从一个侧面探讨屈原与《山海经》的渊源，因为《山海经》同样体现着中国先民的开拓、探索精神，它记录着人类历史上第一次最大规模的国土资源考察活动，与其同时的古代埃及人则忙着给法老修建陵墓（金字塔）。

事实上，《山海经》乃天下第一奇书、华夏第一宝典，系由 4200 年前帝禹时代的国土资源考察白皮书《五藏山经》、夏代的方国部落分布汇总《海外四经》、商代的自然地理和人文地理汇集《大荒四经》、西周的人文地理和历史地理汇编《海内四经》，以及东周的人文地理和历史地理补遗《海内经》（不排除其中有春秋战国方士补充的内容）合辑而成，是人类最古老最珍贵的地理文献资料。

因此，对中国人来说，凡雄才大略者，都要读《山海经》，毛泽东如此，秦始皇如此，吕不韦如此，屈原如此，墨子如此，老子如此，管仲亦如此。毛泽东有诗"不周山下红旗乱"为证，吕不韦有《吕氏春秋》为证，秦始皇与《山海经》可参阅笔者《秦始皇爱读山海经》一文，墨子与《山海经》可参阅笔者《墨子与山海经》一文，老子以周王室图书馆馆长身份当然读过《山海经》，管仲以其《管子》为证。那么，屈原熟读《山海经》，有什么凭证呢？这可以从屈原著作中大量引用《山海经》的内容为证。

《天问》与《山海经》
相同的内容

　　《天问》是屈原的代表作，全诗 373 句，1560 字，多为四言，兼有三言、五言、六言、七言，偶有八言，起伏跌宕，错落有致。在古今中外的各种文学作品里，《天问》是一篇非常独特的诗篇。这是因为，该作品乃是一种空前绝后的文学形式，全文自始至终，完全以问句构成，作者或一句一问，或两句一问，或四句一问，一口气对天、对地、对自然、对社会、对历史、对人生提出 173 个问题，层层设问，用提问的方式表达自己的观念和价值取向以及求索精神，情理交融，声情并茂，妙笔生花，令人读来兴趣盎然，绝无枯燥之感。因此，清代学者刘献庭在《离骚经讲录》中赞其为"千古万古至奇之作"。

　　不少学者早已注意到，《天问》与《山海经》有很多相同的内容。这里仅列举一二：应龙何画？河海何历？鲧何所营？禹何所成？昆仑县圃，其尻安在？烛龙何照？长人何守？一蛇吞象，厥大何如？启棘宾商，九辩九歌，何勤子屠母，而死分竟地？女娲有体，孰制匠之？胡终弊于有扈，牧夫牛羊？上述屈原提出的问题，在《山海经》里均有所记述。

《九歌》与《山海经》
相同的内容

　　《九歌》全诗，传世版本分为十一篇，共计 253 句；其中《东皇太一》15 句，《东君》24 句、《云中君》14 句，《大司命》28 句、《少司命》28 句，《湘君》38 句、《湘夫人》40 句，《河伯》18 句、《山鬼》27 句，《国殇》18 句，《礼魂》5 句。

　　《九歌》是屈原的代表作之一，创作（包括改编）于屈原任职三闾大夫期间，时约在公元前 314 年至公元前 296 年之间，其内容是楚国祭祀鬼神的巫教歌舞演出中的歌词。王逸在《楚辞章句》指出："（屈原）出见俗人祭祀之礼。歌舞之乐，其词鄙陋，因为作《九歌》之曲。"从《九歌》洋溢出来的欢快气息来看，屈原在创作《九歌》时的心情相当不错。

　　这是因为，屈原在任左徒之职时，既忙于政务，几无暇于文学创作；又要与小人谗陷相周旋，亦无心情从事文学创作。相对之下，出任三闾大夫之职就不同了，因为三闾大夫的工作就是主持巫教巫术仪式。也就是说，屈原撰写《九歌》（包括《招魂》），实际上是一种职务文学创作活动，既无衣食之虑，又有采风之便利，再加上文笔从容，因此写起来相当轻松。

众所周知，《九歌》原系古老的歌舞剧，相传是夏朝开国之君帝启从天上获得的，《山海经·大荒西经》："西南海之外，赤水之南，流沙之西，有人珥两青蛇，乘两龙，名曰夏后开。开上三嫔于天，得《九辩》、《九歌》以下。此天穆之野，高二千仞，开焉得始歌《九招》。"这里的"开"即"启"，汉代学者避讳而改。《九歌》描述的湘君、湘夫人、河泊等，在《山海经》里早有记载。

《离骚》与《山海经》
相同的内容

　　《离骚》是屈原的代表作之一，该篇诗作长达 375 句、近 2500 字，是我国古典文学中最早最长的抒情诗，堪称中国历史第一抒情长诗。离骚一词，司马迁解释为离忧，王逸解释为别愁，班固解释为遭遇忧愁，近人又有解释为牢骚、劳商的，劳商即楚国流行歌曲名《劳商》。从离骚的字词本身来说，上述解释都有道理，也都能成立。但是，如果从屈原写作这首诗篇的时间、内容及其所欲达成的目的来分析，他是在遭受小人谗陷，被楚怀王冷淡、疏远之际撰写的（公元前 313 年左右），是要写给楚怀王听的，意思是"我经历着思想波动，不得重用，便回去干老本行"。从这个角度来说，屈原用"离骚"作为篇名，取意为"陈述自己躁动不安的心情"。《离骚》描述的帝高阳（颛顼）、鲧、启、羲和、崦嵫山、鸾皇、高辛（帝喾）、巫咸、不周山、西海等，在《山海经》里早有记载。

《九章》与《山海经》
相同的内容

　　《九章》是屈原的代表作之一，由九篇诗章组成，共计646 句；其中《惜诵》59 句，《涉江》61 句，《哀郢》67 句，《抽思》89 句，《怀沙》81 句，《思美人》66 句，《惜往日》76 句，《橘诵》36 句，《悲回风》111 句。

　　笔者对《九章》各篇按创作时间先后重新排序为：《橘诵》、《惜诵》、《思美人》、《抽思》、《涉江》、《怀沙》、《惜往日》、《哀郢》、《悲回风》，其中《悲回风》亦是屈原的绝笔之作。

　　《九章》各篇或多或少都引用有《山海经》的内容，例如《涉江》所说"登昆仑兮食玉英"，就出自《山海经·五藏山经·西山经》西次三经密山的记载："又西北四百二十里，日密山，其上多丹木，员叶而赤茎，黄华而赤实，其味如饴，食之不饥。丹水出焉，西流注于稷泽。其中多白玉。是有玉膏，其原沸沸汤汤，黄帝是食是飨。是生玄玉。玉膏所出，以灌丹木；丹木五岁，五色乃清，五味乃馨。黄帝乃取密山之玉荣，而投之钟山之阳。瑾瑜之玉为良，坚粟精密，浊泽而有光；五色发作，以和柔刚；天地鬼神，是食是飨；君子服之，以御不祥。自密山至于钟山，四百六十里，其间 尽泽也。是多奇鸟、怪兽、奇鱼，皆异物焉。”根据《全本绘图山海经·五藏山经》，密山在今日的黄河河套附近，稷泽即今天的后套，四千多年前为沼泽湿地，如今早已是良田，古人所谓“黄河百害，唯富一套”，说的就是此地。

《招魂》与《山海经》
相同的内容

　　《招魂》一文的作者，历史上有不同说法。司马迁认为是屈原的作品，他在《史记．屈原贾生列传》称："余读《离骚》、《天问》、《招魂》、《哀郢》，悲其志。"王逸在《楚辞章句》里认为是宋玉的作品："《招魂》者，宋玉之所作也。宋玉怜哀屈原，忠而斥弃，愁懑山泽，魂魄放佚，厥命将落。故作《招魂》，欲以复其精神，延其年寿，外陈四方之恶，内崇楚国之美，以讽谏怀王，冀其觉悟而还之也。"

　　其实，宋玉、景差曾经为屈原招魂，宋玉或景差曾经为楚顷襄王招魂，屈原曾经为自己招魂，屈原曾经为楚怀王招魂，在历史上都可能发生过，而他们的这些作品可能都以《招魂》为名。但是，具体到流传至今的《楚辞·招魂》一文，则应当是屈原为楚怀王招魂时所作。首先，司马迁在《史记》中明确指出屈原作品有《招魂》一篇。其次，招魂是一项严肃的活动，一般来说都是奉命而作，招魂的对象是死者或重病将死者。据此可知，《招魂》是屈原奉命为楚怀王招魂而创作，它是屈原任职三闾大夫期间所写的最后一篇职务作品。再者，《招魂》

描述的主人公生活，不符合屈原的身份和实际情况，而是符合楚王的身份。

《招魂》所说的巫阳，是《山海经》记述的九巫之一。《招魂》描述的东方"长人"南方"雕题黑齿"，西方"流沙"、"赤蚁若象"、"玄蜂若壶"，北方"增冰峨峨"等内容，在《山海经》里早都有记载。

《卜居》与《山海经》
相同的内容

　　《卜居》全文 47 句，以问卜的形式记述了屈原与太卜郑詹尹的对话，传达出屈原对人生道路，以及对从政态度的困惑与选择。在"宁正言不讳以危身乎？将从俗富贵以偷生乎？"两者之间，屈原最终仍然是选择了前者。

　　值得注意的是，《卜居》记录了屈原这样的一句话："宁超然高举以保真乎，将哫訾、栗斯，喔咿儒儿以事妇人乎？"笔者在《屈原诗歌图解》翻译为："我宁可超然高举以保全真性呢，还是像哫訾、栗斯这类宠物那样，扭扭捏捏撒娇作态讨好贵妇人呢？"

　　有趣的是，历史上关于饲养宠物的记载，最早见于《山海经》。例如，《五藏山经·北山经》北次一经的边春山："杠水出焉，而西流注于渤泽。有兽焉，其状如禺而文身，善笑，见人则卧，名曰幽鴳，其鸣自呼。"蔓联山："有兽焉，其状如禺而有鬣，牛尾、文臂、马蹄，见人则呼，名曰足訾，其鸣自呼。"灌题山："有鸟焉，其状如雌雉而人面，见人则跃，名曰竦斯，其鸣自呼也。"

　　根据幽鴳"见人则卧"、足訾"见人则呼"、竦斯"见人则跃"可知，它们很可能都是当地居民（位于今日黄河前套附近的吕梁山北部）饲养的宠物；而从用字及其发音来看，《山海经》记载的"足訾"、"竦斯"，无庸置疑正是《卜居》所说的"呢訾、栗斯"。

　　需要指出的是，达尔文的古典进化论不能够解释人工选择、基因工程、人造生命和剖腹产等人类行为。对比之下，笔者创建的生命智力学暨智因进化论则可以解释所有的生物现象。有关论述可参阅笔者《解读远古密码》等专著，以及《生命智力的起源及其进化法则（智因进化论）》、《超越古典进化论，开创生命智力学暨智因进化论的新时代》等文章。

巴族巫师屈原与《山海经》中的远古祭祀

　　笔者在《屈原诗歌图解》一书的"屈原年谱"中指出，公元前 343 年屈原出生于楚国秭归的巴族巫师家族，取名之意为正则（巴族没有自己的文字）；因出生在虎年虎月虎日的吉日，被认为是天生应继承巫师之职，故取法名灵均。屈原的远祖可追溯到太昊、少昊，"昊"即高高在上的太阳，亦即高阳，其后裔有巴人（今土家族）。

　　屈原以巴族大巫师身份，在巴楚联盟抗秦时出任要职。后来，由于楚国投降派占上风，屈原遭到贬黜、流放，晚年屈原回到楚国郢都。公元前 278 年秦兵攻陷郢都，屈原与民众逃到汨罗江一带避难，大约十年后去世。有必要指出的是，根据笔者对屈原生平的研究，屈原并没有"自沉于汨罗江"，该误传源于屈原采取的是"船棺水葬"，有关论述可参阅《屈原诗歌图解》一书，以及笔者其他的相关文章。

　　从屈原的作品可知，他对巫师工作及其祭祀活动都相当熟悉，而且很有兴趣。据此可知，《山海经》记载的远古祭祀内容，屈原应该会熟读并牢记在心。

　　最后需要说明的是，在先秦诸子百家里，以屈原的著作引用《山海经》内容最多。这是因为，正如前文所分析，《山海经》一书早在公元前516年，就被王子朝送给了楚国，成为楚国密藏典籍，因此屈原有机会研读《山海经》、熟读《山海经》。

第三十九卷　秦始皇爱读《山海经》

前文已经说过，对中国人来说，凡雄才大略者，都要读《山海经》，毛泽东如此，秦始皇如此，吕不韦如此，屈原如此，墨子如此，老子如此，管仲亦如此。那么，秦始皇爱读《山海经》，有什么凭证呢？诸君请听笔者一一道来。

秦始皇酷爱收藏地图

秦始皇酷爱收藏地图，有荆轲刺秦王事件为证。当年荆轲欲刺秦王嬴政，能够接近秦王的唯一机会就是当面献上燕国的地图。笔者赋诗一首描述此事："荆轲刺秦王，匕首图中藏；历险得宝图，成就秦始皇。"意思是，秦始皇得到燕国地图（包括其他地图和地理书），有助于其成就统一天下之丰功伟业。事实上，秦兵之所以能够横扫六国，一个重要的原因就是秦王嬴政非常重视地图的军事价值、政治价值和经济价值，为此他甚至不惜冒着生命危险接见荆轲。据此可知，历代地理文献汇编的《山海经》及其《山海图》当在秦王收藏之列。进一步说，羊知道到哪儿吃草，老虎知道去哪儿捕猎，鸟知道迁徙的路线；根据智因进化论，这表明动物的生命智力信息系统都掌握着一份生存环境地图，何况人类呢！

白起攻陷楚都，
战利品应有《山海经》

根据笔者研究，由于《山海经》乃军事战略秘典，即使大名鼎鼎的孔子也未曾一睹《山海经》之真面目。事实上，先秦诸子只有极少人读过《山海经》，管子读到《山海经》得益于其身世，老子乃周王室图书馆馆长当然能读到《山海经》，墨子家族乃制作图书世家自然也有机会读到《山海经》。

屈原能够看到《山海经》，说来话长。长话短说，公元前516年，王子朝携周室典籍奔楚，定居在今日南阳地区，他送给楚王的重礼之一便是《山海经》（可能是副本），其余周室典籍均密藏于山中或地下，老子曾参与此事，详情可参阅长篇小说《老子隐迹》一书（中国对外翻译出版公司）。屈原以巴族精神领袖身份与楚国联合抗秦，进入楚国最高决策层，当然能够阅读到军事秘典《山海经》。

公元前278年，秦昭王派大将军白起攻楚，攻陷楚都郢，楚国被迫迁都至陈（今河南省淮阳）；当时的战利品应该就有《山海经》，并被收藏于秦王朝图书馆内。吕不韦和秦王嬴政有吞灭六国之雄心，当然不会错过读《山海经》而知天下形势和

秦始皇

地利的机会。公元前 206 年，刘邦率兵先入咸阳，秦王朝图书馆的大量文献典籍被萧何收取，并成为汉王朝图书馆的重要文献资料来源；至此《山海经》一书才逐渐被汉代学者所知，可惜司马迁在写《史记》时，由于不能很好地解读《山海经》的内容而未能引用其资料信息。

秦始皇望海寻仙

　　秦王嬴政读到《山海经》时，或许还有《山海图》；如果《山海图》已失传，他一定也会让画师根据《山海经》的内容复原再现《山海经》记录的画面，秘密陈列在密室之中，一有时间就会沉浸在那波澜壮阔、神奇迷人的场景之内。笔者相信，在秦始皇陵里也有一幅天下景观图至今仍然在熠熠生辉，与地理模型（以沙石为山脉、以水银为江河）的天下地形地貌图交相辉映（以实物为地理模型乃中国古老的传统，称为"九丘"）。

　　令笔者暗暗叫绝的是，秦始皇统一天下后，随即陆续北巡、东巡、南巡，其所至海岸线，与《五藏山经》无不相合。公元前220年，秦始皇北巡，当会去考察黄河河套，因这里是河宗氏所在地，古人所知的黄河源头渤泽即今日的前套地区（见本书插页《帝禹山河图》）。公元前219年始皇东巡，至山东半岛最东端的成山头，在蓬莱命方士徐福入海求仙药。在《五藏山经》里，成山头属于东山经第四条山脉，是当时秦版图陆地最靠东的地方，可向东望见黄海、东海里的海岛（包括海市蜃楼）。笔者夫人的老家即蓬莱，2003年我们来此一游，笔者有

诗曰："蓬莱阁上放眼望，徐福一去归无程；若问仙岛何曾有，冰山移似仙人宫。"

公元前 218 年，始皇东游，至之罘，刻石。芝罘岛东、西、北三面突入海中，其南有一道沙埂与烟台陆路相连，相传系秦始皇考察之罘岛时的辇道。此后，汉武帝太始三年（公元前 94 年）东巡至成山头拜日，返程登芝罘，浮大海而还。

公元前 215 年始皇又到渤海东临碣石（秦皇岛即得名于此），命卢生人海求仙人。在《五藏山经》里，这里属于北山经第三条山脉的燕山山脉和七老图山脉的交汇处。当年渤海没有污染，碧波荡漾，伴随着拉网小调，足令人浮想联翩。笔者 1967 年曾从秦皇岛沿海步行至北戴河，路上听到渔民拉网小调，余音绕梁，数年不绝。

公元前 210 年秦始皇南巡，回程时再次来到山东半岛琅邪（今山东省胶南县南）、之罘（烟台）。笔者与夫人 2003 年亦游至之罘，并作诗曰：风刮五六日，渔船满港停；芝罘岛渔妇，知否天山风？古来多少帝，刻石了无踪；享尽人间乐，神仙梦难成。

事实上，秦始皇之所以相信海中有仙药、仙人，以他如此聪明过人，绝非是轻信方士之言，而是因为《山海经》里多处有着明确的相关记载，有兴趣的读者可自己去阅读全套《全本绘图山海经》，就知笔者所言不虚。当然，秦始皇向往海洋，也不单纯是为了自己的长生不老，他同时想到的还有开疆拓土，统一更辽阔的国土；正所谓醉君之意不在仙，在乎天下也。

第四十卷 寻找不周山启事

丢了东西，要写寻物启事；走失了人，要贴寻人启事。现在，丢失了一座山，因此也要写一篇寻山启事，广而问之，广而求之。如有知情者，盼望见告，功莫大焉。

这是一座赫赫有名的山，它在我们民族的记忆中，曾经辉煌过，如今却迷失了踪迹。它记录的那一段可歌可泣的华夏历史，似乎也随风而逝，远离了我们的视线。

但是，它既然是一座山，就不会蒸发得无影无踪。与此同时，中华民族的伟大复兴，要求我们今天要把历史长河中的一颗颗散落的珍珠重新串连起来。

亿万中华儿女，藏龙卧虎，隐凤栖鹤，一定有人知道它就静静地在那里。或许，它在今天早已经换了名字，因此人们未能与古老的记忆对上号。或许，你看到过它，只是没有认出它。或许你听说过它，只是没有想到要去寻找它，验证它的存在。它就是不周山，又名不周负子山，一座民族的圣山，一座环形一周而有缺口的山。

如果你住在它的附近，请你告诉我。如果你知道它的存在，请你告诉我。如果你有它的消息，请你告诉我。如果你是旅游者，请你告诉我，你是否见到过这样一座有缺口的环形山？

这是一座民族的圣山

许多古老的民族都有自己的圣山，本书中《大荒北经》记载的不成山，亦即今天的长白山，就是古代肃慎族和满族的圣山；长白山的圆池，又称"天女浴躬池"，相传天女在此沐浴而生下清朝始祖爱新觉罗·库里雍顺，因此这里成为清人祭祖的圣地。类似的圣山、圣地在我国非常多，例如，昆仑是黄帝族的圣山、圣地，不周山是共工族的圣山、圣地。

前文《大荒西经》篇中记有："西北海之外，大荒之隅，有山而不合，名曰不周负子，有两黄兽守之。有水曰寒暑之水。水西有湿山，水东有幕山。有禹攻共工国山。"

所谓"不周负子"，表明不周山是共工族的发祥地；当地的寒暑之水（冷泉和温泉），其功能和性质，类似不成山（长白山）的圆池。在那洪荒岁月里，"沐浴生子"是一种虔诚的巫术，今日的圣水浴、泼水节、洗礼等风俗，都可能源于此种古老的习俗。

显然，不周山是共工族活动范围里的一处极其重要的地方，因此要"有两黄兽守之"。所谓"两黄兽"，可能是由人装扮的

保护神，或者是竖立着的共工部落保护神的塑像，也有可能是共工国战神相柳的造型。凡此种种，均表明不周山是共工族的圣山。山西省长子县的西山，民间相传就是赫赫有名的不周山，而精卫填海的故事也发生在这里。

这里是一处古战场

前文所谓"禹攻共工国山"，记述的是禹族与共工族的战争，战场就在共工族的圣地不周山，共工族已经退守在自己的最后领地，结果可想而知。

《海外北经》记有："共工之臣曰相柳氏，九首，以食于九山。相柳之所抵，厥为泽溪。禹杀相柳，其血腥，不可以树五谷种。禹厥之，三仞三沮，乃以为众帝之台。在昆仑之北，柔利之东。相柳者，九首人面，蛇身而青。不敢北射，畏共工之台。台在其东。台四方，隅有一蛇，虎色，首冲南方。"

《大荒北经》记有："共工之臣名曰相繇，九首蛇身，自环，食于九土，其所呕所尼，即为源泽，不辛乃苦，百兽莫能处。禹湮洪水，杀相繇，其血腥臭，不可生谷，其地多水，不可居也。禹湮之，三仞三沮，乃以为池，群帝因是以为台，在昆仑之北。"

根据上述记载，禹族彻底战胜共工族，并且在共工族的领地建造了中国的金字塔群——众帝之台，这些金字塔的名称被记录在《海内北经》里："帝尧台、帝喾台、帝丹朱台、帝舜台，各二台，台四方，在昆仑东北。"其形状为四方台型，所

谓"各二台"的"台"字，可能是"重"字之误（两个字的繁体字形相近），即众帝之台均为两层结构，属于阶梯型金字塔，与埃及早期的金字塔和美洲金字塔相似。此外，《大荒北经》还记有共工台："有系昆之山者，有共工之台，射者不敢北乡。"《大荒西经》则记有轩辕台："有轩辕之台，射者不敢西向射，畏轩辕之台。"它们建造的时间，可能早于大禹治水时建造的众帝之台。

它是一座环形山

根据袁珂先生研究（见《中国神话大词典》），共工属于炎帝族，共工与禹的战争，乃炎帝与黄帝长期战争的一部分。《吕氏春秋·荡兵》称："兵所自来者久矣，黄炎故用水火矣。共工氏固次作难矣。"

共工族是一个历史非常悠久的民族，它曾经与黄帝的后裔颛顼争夺天下。《淮南子·天文训》记有："昔者共工与颛顼争为帝，怒而触不周之山，天柱折，地维绝（郭璞注引古本《淮南子》为'天维绝，地柱折'）。天倾西北，故日月星辰移焉；地不满东南，故水潦尘埃归焉。"

毛泽东在《渔家傲》一词"不周山下红旗乱"的注释里认为："共工是胜利的英雄，你看，'怒而触不周之山，天柱折，地维绝。天倾西北，故日月星辰移焉；地不满东南，故水潦尘埃归焉'，他死了没有呢？没有说，看来是没有死，共工是确实胜利了。"事实上，所谓"共工怒而触不周之山"，可能是一种远古的战争巫术，即失利的部落，要在本族的圣山、圣地举行巫术仪式，以期获得祖先或民族保护神赐予新的力量。一般来说，巫术主要有祈祷和鞭策两种形式，前者的心理是乞求神

的帮助，后者的心理是强迫神来帮助。看来，与颛顼争帝的共工是一位脾气刚烈的首领，他不会轻易认输，而是通过"怒触"不周山，从而获得了改天换地的巨大力量。

关于不周山的名字，郭璞注谓："此山形有缺不周币处，因名云。西北风自此山出。"意即不周山是一座有缺口的环形山，也是西北风的风口。有趣的是，共工又名康回，见《楚辞·天问》"康回冯怒，地何故以东南倾"；"回"字有环形的意思，"康"为广大，因此"康回"之名的含义也是大环形山，当得自共工族以环形山为圣山的习俗，以及共工撞倒不周山的传说。

前面说过，所谓"不周负子，有两黄兽守之"，记述的是共工族对不周山的崇拜风俗，显然这与不周山的独特地形地貌有关。有趣的是，美洲印第安人也有对环形山的崇拜习俗，而种种迹象表明美洲印第安人曾受到中华文明的影响。美国学者埃里克·乌姆兰德在《古昔追踪》（江苏科技出版社）一书第131页记有："（位于美国北加利福尼亚的沙斯塔峰是一座人迹罕至的火山），当地的美洲印第安人对火山口的锥形凹地一直怀有敬畏之情，相信这座山是某一个强大的种族的栖身之处。"

它是火山口，还是陨石坑？

众所周知，环形山是一种特殊的地质地形结构形成这种地貌的原因通常只有两种情况，第一种情况是，火山爆发后形成的圆锥状火山口。第二种情况是，天外星体撞击地球地壳表面所造成的陨石坑。那么，不周山究竟是火山口，还是陨石坑呢？

据《中国综合地图集·中国地震和火山图》（中国地图出版社，1990 年），我国北方的火山，主要分布在东北地区，内蒙古中部和东部一带，以及山西省北部的大同地区；此外，青藏高原北部，天津市南面，太原和石家庄之间，亦有火山。

在我国古代传说里，炎帝族和黄帝族的活动中心主要在黄河流域的中下游地区，两族的古战场大体在陕西省、山西省境内，河北省、河南省的北部和西部，以及内蒙古南部一带。共工族的活动区域，主要在今日河南省北部、河北省西部，以及山西省境内。由于在此范围内，确实曾经有过火山活动并存留有相应的火山口。也就是说，我们不能排除不周山是火山口的可能性。由于不周山又被想象成为天柱或地柱，如果此说事出有因，那么它应当是一座平地拔起的高山，山顶有着巨大的凹陷结构，形成环状地貌。

天文地质学是近年国际上新兴的一门学科，研究的对象是天文因素对地球地质结构的作用，其中一个热门话题就是天外星体撞击地球事件及其生态效应。目前在全球已经发现并确认的巨型陨石坑约二百多个，绝大多数都是几百万年甚至几千万年前形成的。年代比较近的是著名的美国亚利桑那州陨石坑，直径 1200 米，约形成于 3 万年前。

遗憾的是，我国科学工作者虽然发现了数十处非火山口的环形地貌结构，但是至今尚没有一处被严谨的科学技术手段认定为陨石坑。这也从一个侧面表明，我国在陨石坑研究领域还处于比较落后的状况，或者刚刚起步，而且投入的科研经费和投入的科技力量都非常有限。在这种情况下，我们当然也不能排除不周山是陨石坑的可能性。事实上，所谓共工撞倒不周山引起天倾西北、地陷东南的大变化，描述的正是天外星体撞击地球事件，与女娲补天、后羿射日、夸父逐日所描述的天地动荡基本相同。

不周山，你在哪里？

无论不周山是火山口，还是陨石坑，它都应当是一座自然地形地貌非常醒目的山，不会在几千年的时间里消失得无影无踪。而且，由于古人没有从天空俯瞰大地的技术，因此古人能够看到的环形山，我们今天也同样能够用肉眼看出来，这就意味着不周山的尺寸应当在人的视角之内，一般来说其直径不会超过 10 千米。

在古史传说里，不周山位于西北。一般来说，这个"西北"，是相对"中原"而言的。但是，这对于我们寻找不周山来说，范围还是太大了。

准确记载不周山方位的文献，首推《山海经》。中华民族有一部文明宝典，它就是千古奇书《山海经》。许多学者经过长期深入的研究后，一致指出，《山海经》是远古人类文明与文化信息、自然环境信息的真实记录。例如，中国科学院动物所研究员郭郛先生，在《中国古代动物学史》（即李约瑟主编的《中国科学技术史》第七卷，科学出版社 1999 年出版）一书中认为，《山海经》记载的 290 种动物，都是古代真实生存过的动物。

其中，《西山经·西次三经》描述的是阴山至天山一带的地形地貌，其中包括昆仑丘、钟山、三危山、天山和不周山等著名的山。根据《帝禹山河图》，不周山位于钟山的东面、昆仑丘的东北方，其地理方位"北望诸毗之山，临彼岳崇之山，东望渤泽，河水所潜也，其原浑浑泡泡。爰有嘉果，其实如桃，其叶如枣，黄华而赤拊，食之不劳。"所谓诸毗之山，当指阴山山脉；所谓岳崇之山，可能指昆仑丘，也可能指现在山西省北部的吕梁山、五台山、恒山。

据此，不周山位于渤泽的西面，那里是黄河的源头，山上长有类似桃的果树（即桃的改良品种）。接下来的问题是，渤泽在哪里？长期以来，许多人都认为渤泽就是今天的罗布泊；所谓"河水所潜"，被解释为黄河从罗布泊发源后在大漠下"潜行"千里。

与此同时，也有学者指出，渤泽位于今日的黄河河套，河套在先夏时期原为湖泊、沼泽或湿地（参见徐旭生的《中国古史的传说时代》）。笔者进一步指出，渤泽位于今日的黄河前套地区，亦即内蒙古的土墨特右旗至托克托县一带；这是因为，《北山经·北次一经》描述的是吕梁山的地形地貌及其物产和风土人情，其中记有多座山所发源的水系向西流入渤泽，当时的人们之所以认为这里是黄河的源头，乃是因为再向上则是沼泽湿地，难以分辨出河道来（参考《山海经地理复原图注》、《新绘神异全图山海经》、《全本绘图山海经》）。

综上所述，不周山的方位，最可能在阴山和吕梁山交汇的河套地区，那里也是中国金字塔众帝之台的所在地。根据《海

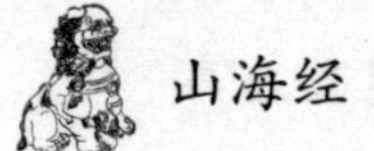

外北经》记载禹与共工之臣相柳的战争，以及"不可生谷"的描述可知，禹与共工族的战争，与农业生产有关。《吕氏春秋·本味》记有："饭之美者，玄山之禾，不周之粟。"这就表明不周山地区是一处重要的农作物产地，同时也说明河套地区已经开始从沼泽地转变为农田，此后河套地区逐渐变成黄河中游最肥沃的耕地，民谚曰"黄河百害，唯富一套"。

与此同时，为了找到不周山，找到中国的金字塔众帝之台，我们还有必要关注各种与之相关的线索和信息，它们包括大禹治水的遗迹（例如积石山、龙门、三门峡鬼门）、昆仑古城（可能位于鄂尔多斯高原）、失传的古代图书（周室典籍，被王子朝转移秘藏在今日南阳地区），以及北方岩画（研究阴山、桌子山、贺兰山岩画与古史传说的关系，进一步寻找山西省和河北省北部地区的岩画）和有关的传说故事，等等。屈原在《离骚》里唱道："路不周以左转兮，指西海以为期。"朋友，如果你有不周山的消息，请你告诉我！

最新消息：或谓在大同、呼和浩特之间有一座小镇，名为凉城。凉城东北有一海拔 1100 米左右的湖，该湖被海拔 1800～2000 米左右的山脉包围，有一大缺口和几个小缺口。该湖有大约 12 千米宽，20 千米长，水位变化面积也可能变化，或许这就是我们苦苦找寻的不周山。

第四十一卷　禹迹探险考察

　　世界各地都有洪水泛滥几乎毁灭人类的远古记忆。对比之下，面对曾经的洪水肆虐，唯独中国盛传大禹治水的故事。但是，令人遗憾的是，中国的相当一批学者，在近一个世纪的时间里，却在千方百计试图否定大禹治水的真实性，他们所谓的学术严谨实际上是一种不负责任的托辞。

　　而最新发现的一件2900年前的西周青铜器铭文明确记有大禹治水事迹，充分表明先秦典籍《山海经》、《尚书》、《诗经》等书的相关记载，以及至今仍然广泛流传于民间的神话传说故事基本属实。大禹治水的神话传说不再是编造的文学故事，而是信史，或者更准确地说具有相当高的信史价值。

　　在这种情况下，寻找大禹治水的遗迹，寻找中国的金字塔，寻找不周山，寻找昆仑古城，复原再现那个时期的文明信息，应该提到我们今天的议事日程上，因为这是我们义不容辞的责任。为此，有必要建立一门禹学，成立禹功联谊会，实施禹迹探险考察。

出发！寻找大禹治水的遗迹

在我国的黄河流域、淮河流域和长江流域都流传着大禹治水的故事，在安徽和浙江都流传着帝禹召集天下诸侯共商治水大计的故事。那么，我们今天该如何寻找大禹治水的遗迹，又该到哪里去寻找大禹治水的遗迹呢？

首先，需要研究判断远古洪水发生的时期。根据历史传说，我国远古的洪水，主要发生在伏羲、女娲时期，炎帝少女女娃时期，以及尧、舜、鲧、禹时期。这里的问题之一是，上述洪水，是先后发生在三个不同时期，还是发生在同一段时期？问题之二是，它们发生在什么时间，历时多久，程度多大，范围多广？

显然，解决上述问题，又涉及到研究判断远古洪水产生的原因。根据历史传说，洪水泛滥的原因主要有三个：

（1）天下大雨。《淮南子·齐俗训》："禹之时，天下大雨，禹令人民聚土积薪，择丘陵而处之。"从今天的角度来看，当系大气环流改变导致的降雨量剧增，并超过了原有河道水系的承载道，从而造成河道两岸地区的洪水泛滥。

（2）水逆行。《孟子·滕文公下》："当尧之时，水逆行，泛滥于中国，蛇龙居之，民无定所，下者为巢，上者为营窟。"我国地势西高东低，黄河、淮河、长江均自西向东流入海。因此，所谓"水逆行"即河水倒流，笔者在二十多年前已经指出这是海侵现象，即海平面上升，导致海岸线向西侵进。据有关研究，发生在一万年前冰川结束后的海侵是世界范围的，在我国这次海侵在 7400 年前达到最高点，海岸线西侵至今日的太行山脚。女娲补天治水的故事、精卫填海的故事、愚公移山的故事（把山石运到渤海之滨）、共工撞倒不周山引起天地大破坏的故事，以及沧海桑田的成语，都涉及到上述自然环境的变迁。

（3）人祸。肇事者为共工族，《路史》："共工氏，太昊之世国侯也，及太昊之末，乃恣睢而跋扈以乱天下，自谓水德为水纪，其称乱也，盖在冀土，故传有济冀州，而冀州平之说，是女娲代平共工之乱明矣。"《淮南子·天文训》记有共工与颛顼争帝，撞倒不周山，引起天倾西北、地陷东南，并造成洪水泛滥。《淮南子·本经训》明确记有："舜之时，共工振滔洪水，以薄空桑，龙门未开，吕梁未发，江淮通流，四海溟悻，民皆上丘陵，赴树木。"《山海经》记有共工之臣相柳制造洪水泛滥被禹杀死。笔者认为上述记载，记录的是洪水泛滥造成的人类生存环境变化，引发了民族迁徙及其冲突战争。

肇事者为蚩尤族。《山海经·大荒北经》："有人衣青衣，名曰黄帝女魃。蚩尤作兵伐黄帝，黄帝乃令应龙攻之冀州之野。应龙畜水，蚩尤请风伯、雨师，纵大风雨。黄帝乃下天女曰魃，雨止，遂杀蚩尤。魃不得复上，所居不雨。叔均言之帝，后置之赤水之北。叔均乃为田祖。魃时亡之，所欲逐之者，令曰：

2240

'神北行！'先除水道，决通沟渎。"

笔者认为所谓共工振滔洪水、蚩尤请风伯雨师纵大风雨的故事，记录的都是洪水泛滥造成人类生存环境变化，并引发了受灾地区居民的大迁徙，这种迁徙又触发了民族冲突和战争。

根据上述记载可知，洪水泛滥先后历时长达数千年之久（包括持续性洪水泛滥，例如海侵；以及突发性洪水泛滥，例如大雨、海啸、冰雪消融引起的山洪爆发），其中大禹治水的历史事件，则发生在远古洪水泛滥的后期，其主要工程是疏浚河道、排泄积水，以恢复或拓展可耕种、可利用、可居住土地的面积。有鉴于此，我们今天如欲寻找大禹治水的遗迹，最有希望的地区是在黄河中游一带，而最有希望的地点则是某些特殊地形地貌的黄河河道。

1981 年，《中国古代史论丛》第三辑发表笔者的论文《我国远古传说与自然环境变迁》，在这篇论文里，笔者认为黄河三门峡的鬼门河道即大禹治水时开凿的，茫茫禹迹有可能在三门峡地区找到。主要依据：一是，鬼门岛上发现有仰韶时期和龙山时期的文化堆积，如果鬼门在那个时期就是河道的话，将非常不适宜人类在鬼门岛上生活；二是，鬼门河道的出现，有利于黄河在三门峡的河道取直并提高黄河在这里的流通量；三是，鬼门的河床比神门、人门要浅十几米，表明鬼门形成的时间最晚；四是，当地流传有丰富的大禹治水故事；五是，提高三门峡的宣泄量，有助于排除黄河河套地区以及渭水下游和汾水下游地区的积水，而上述地区乃是古代我国北方最富饶的农耕区。

　　事实上，20 世纪 50 年代末修建的三门峡水库，由于抬高了水位，曾经造成西安地区的渭水水位抬升并导致沿岸地区农田的大面积盐碱化，以致不得不降低水库蓄水位。更可惜的是，三门峡水库的修建，严重破坏了鬼门、神门、人门原来的地形地貌，为我们今天进一步考察大禹在三门峡地区治水遗迹的工作，增加了许多困难（同时被淹没的还有著名的三门峡漕运遗迹，它与大禹治水遗迹都具有世界文化遗产价值）。

　　汶川旅游景点介绍：据古史记载，传说中的治水英雄、中国第一个奴隶制国家夏王朝的缔造者大禹就出生于今岷江上游流域的羌族地区。《史记》载"禹生西羌"、《吴越春秋》言"禹家于西羌，地名石纽"。《华阳国志》"石纽，古汶山郡也，崇伯得有莘氏女，治水行天下，而生禹于石纽之刳儿坪，长于西羌，西夷之人也"。民国《汶川县志》"县（治绵池）南十里飞少关岭上里许。地平衍，名刳儿坪，有羌民办数家……相传为圣母生禹处。"石纽，即石纽山，在今汶川县绵池镇高店村、玉垒山一带，因山石多呈纽状而得名。刳儿坪在其半山腰上，其周围尚存禹穴、洗儿池、禹王庙、圣启祠等遗迹及历代文人骚客题写的大量墨迹。此外，眠江上游两岩还有涂禹山、禹碑岭、大禹坪、卧龙沟、黄龙寺、禹王宫等地名或建筑，羌族民间也流传着许多大禹的传说故事，北川县亦有禹出生地的传说、遗迹。

出发！寻找中国的金字塔

大禹治水的遗迹，除了某些河道、河床的人工改变（包括河流两岸山形的变化）之外，我们还可以寻找其他的线索，例如当年施工者的居住地、工具、遗骨等，此外我们还可以寻找与治水有关的其他大型工程遗迹，其中包括金字塔式建筑物，例如《山海经》记载的众帝之台和积石山。

（1）众帝之台

《海外北经》："共工之臣曰相柳氏，九首，以食于九山。相柳之所抵，厥为泽谿。禹杀相柳，其血腥，不可以树五谷种。禹厥之，三仞三沮，乃以为众帝之台。在昆仑之北，柔利之东。相柳者，九首人面，蛇身而青。不敢北射，畏共工之台。台在其东。台四方，隅有一蛇，虎色，首冲南方。"

《大荒北经》："共工之臣名曰相繇，九首蛇身，自环，食于九土，其所歍所尼，即为源泽，不辛乃苦，百兽莫能处。禹湮洪水，杀相繇，其血腥臭，不可生谷，其地多水，不可居也。禹湮之，三仞三沮，乃以为池，群帝因是以为台，在昆仑之北。"

《海内北经》："帝尧台、帝喾台、帝丹朱台、帝舜台，各

二台，台四方，在昆仑东北。”

根据上述记载，大禹治水时，曾经建造有多座四方台型金字塔建筑物，它们被命名为帝尧台、帝喾台、帝丹朱台、帝舜台，以及共工台。所谓"各二台"可能指它们有两层结构，属于阶梯型金字塔，与埃及早期的金字塔和美洲金字塔相似。

此外，《大荒北经》也记有共工台："有系昆之山者，有共工之台，射者不敢北乡。"《大荒西经》则记有轩辕台："有轩辕之台，射者不敢西向射，畏轩辕之台。"它们建造的时间，可能早于大禹治水时建造的众帝之台。

上述先夏时期的帝王金字塔，其地理位置在昆仑之北（轩辕台可能在昆仑丘之上）。根据笔者考证，《山海经》所记载的昆仑丘，在今日黄河河套以南的鄂尔多斯高原。据此，禹与共工之臣相柳的战场，以及建造众帝之台的场所，大约在今日内蒙古阴山山脉以南的黄河河套平原上（古为湖泽湿地）。

（2）积石山

在古史传说里，大禹治水的一项重大工程是建造积石山，《山海经》的《海外北经》称："禹所积石之山，在其（博父国）东，河水所入。"《大荒北经》称："大荒之中，有山名曰先槛大逢之山，河济所入，海北注焉。其西有山，名曰禹所积石。"《海内西经》称："河水出东北隅，以行其北，西南又入渤海，又出海外，即西而北，入禹所导积石山。"

所谓积石山，当是一种石头坝，用以拦截水流，或调节水位。这是我国先民的伟大发明，其最成功的典范就是今天仍然在发挥作用的都江堰水利工程。如果大禹治水时曾经在黄河上

修建过石头坝，那么最可能的地方是在黄河的中上游，而且可能会在多处修建规模不等的石头坝水利工程。由于石头坝即使坍塌后，仍然会保存有遗物和遗迹，因此我们今天有希望找到帝禹时代的积石山。

（3）其他远古大型建筑物

古代地中海周边地区有著名的七大建筑物（包括塑像），它们被欧洲人称为世界七大奇迹（实际上欧洲人所谓的世界，在很长的时间都仅仅是指地中海及其周边地区，因为他们对太平洋的知识来得太迟太少）。其实，中国古代也有许多大型建筑物，其中不少建筑物的规模都堪称世界奇迹，本文仅介绍《山海经》记载的先夏时期的都城、圣坛、天文台、帝王陵。

《海内西经》："海内昆仑之虚，在西北，帝之下都。昆仑之虚，方八百里，高万仞。上有木禾，长五寻，大五围。面有九井，以玉为槛。面有九门，门有开明兽守之，百神之所在。在八隅之岩，赤水之际，非仁羿莫能上冈之岩。"

《五藏山经》西次三经记有昆仑丘为帝之下都，但是没有记述黄帝都城的建筑规模和形式。对比之下，此处《海内西经》则称"帝之下都"建筑在高高的昆仑丘上，那里有玉栏杆的井和九座城门，开明兽站立在城门东。《汉唐地理书钞》辑《河图括地象》云："昆仑之城，西有五城十二楼，河水出焉，四维多玉。"《水经注·河水》引《十洲记》亦云："昆仑山有三角，其一角正东，名曰昆仑宫。其处有积金，为天镛城，面方千里，城上安金台五所，玉楼十二。"《神异经·中荒经》曰："昆仑之山，有铜柱焉。其高入天，所谓天柱也；围三千里，周圆如削。"此天柱当即木禾之夸张。《古小说钩沉》辑《玄中记》曰："昆仑西北有山，周回三万里，巨蛇绕之，得三周。蛇为长九万里。蛇居此山，饮食沧海。"其山可能即桌子山，而巨蛇或即烛龙之想象。

关于黄帝都城的描述，以《淮南子·地形训》最详尽。大意是，禹治服洪水后，对昆仑墟进行大规模发掘，其中有增城九重，计有四百四十门，打开北门，不周风就能吹进城；城内有倾宫、旋室、县圃、凉风、樊桐、疏圃、丹水等景观，凉风山在昆仑丘之上，悬圃在凉风山之上，再向上就能成为天神，与太帝一同居住在天上。

《穆天子传》卷二记有："吉日辛酉，天子升于昆仑之丘，以观黄帝之宫，而丰口隆之葬，以昭后世。"周穆王祭祀昆仑丘后，又派人守护黄帝之宫，登春（春）山并"铭迹于悬圃之上"。据此可知，当时（2900 年前）尚有黄帝都城遗址，今日我们仍然有希望还能够找到它。

《海内经》："有九丘，以水络之，名曰：陶唐之丘、有叔得之丘、孟盈之丘、昆吾之丘、黑白之丘、赤望之丘、参卫之丘、武夫之丘、神民之丘。有木，青叶紫茎，玄华黄实，名曰建木，百仞无枝，有九欘，下有九枸，其实如麻，其叶如芒，大嗥爰过，黄帝所为。"其中以人名为丘名的地方，可能与昆仑丘一样都有大型人造建筑物。

《山海经》记有若干处圣坛、圣殿，其中最著名的是帝俊台和大人之堂。《大荒东经》："有五采之鸟，相乡弃沙。惟帝俊下友。帝下两坛，采鸟是司。"显然，帝俊台就是一处圣坛，

根据笔者的研究，这里的歌舞活动与"玄鸟降商"的生殖崇拜及其婚姻习俗有关。《大荒东经》："有波谷山者，有大人之国。有大人之市，名曰大人之堂。有一大人踆其上，张其两耳。"所谓大人之堂应是一处圣殿，里面供奉着一尊"大人"神像。

特别值得注意的是，《山海经》记有众多天文学家及其天文巫术活动场所。例如著名的十二座日月出入山，其中《大荒东经》记有六座日月所出之山，它们依次是（自东南向东北）大言山、合虚山、明星山、鞠陵于天山、猗天苏门山、壑明俊疾山。与之对应的是，《大荒西经》记述有六座日月所入之山，它们依次是（自西北向西南）丰沮玉门山、龙山、日月山、鏖鏊钜山、常阳山、大荒山。此外，《大荒西经》还记述有一座日月所出入之山，即方山，山上有柜格之松（最早的圭表），它们共同构成了蔚为壮观的天文观测台阵。

与此同时，《山海经》还记有许多先夏时期的帝王陵墓及其丰富的随葬品，其中以帝颛顼暨九嫔之墓的规模最为壮观。《海外北经》："务隅之山，帝颛顼葬于阳，九嫔葬于阴。一曰爰有熊、罴、文虎、离朱、鸱久、视肉。"《大荒北经》："东北海之外，大荒之中，河水之间，附禺之山，帝颛顼与九嫔葬焉。爰有鸱久、文贝、离俞、鸾鸟、皇鸟、大物、小物。有青鸟、琅鸟、玄鸟、黄鸟、虎、豹、熊、罴、黄蛇、视肉、璇瑰、瑶碧，皆出卫于山。丘方圆三百里，丘南帝俊竹林在焉，大可为舟。竹南有赤泽水，名曰封渊。有三桑无枝。丘西有沈渊，颛顼所浴。"

《大荒南经》："有阿山者。南海之中，有氾天之山，赤水穷焉。赤水之东，有苍梧之野，舜与叔均之所葬也。爰有文贝、离俞、鸱久、鹰、贾、委维、熊、罴、象、虎、豹、狼、视肉。""帝尧、帝喾、帝舜葬于岳山。爰有文贝、离俞、鸱久、鹰、延维、视肉、熊、罴、虎、豹：朱木，赤枝，青华，玄实。有申山者。"

《海内经》："南方苍梧之丘，苍梧之渊，其中有九嶷山，舜之所葬，在长沙零陵界中。""北海之内，有蛇山者，蛇水出焉，东入于海。有五采之鸟，飞蔽一乡，名曰翳鸟。又有不距之山，巧倕葬其西。"

此外，《五藏山经》在记述 26 条山脉的祭祀风俗时，往往要指出在某某山祭祀山神（当有祭坛），某某山有祖先或神灵的冢墓，例如，西次一经的华山，中次一经的历儿山，中次五经的升山，中次七经的苦山、少室山、太室山，中次八经的骄山，中次九经的文（岷）山、勾欄山、风雨山、騩山，中次十经的堵山，中次十一经的堵山、玉山，中次十二经的夫夫山、即公山、尧山、阳帝山，均有陵墓。

（4）内蒙古发现金字塔

据报导，中国考古专家 2001 年中在内蒙古自治区敖汉旗四家子镇，发现了一座距今五千多年前的金字塔。大陆考古学家考证发现这是迄今所发现的保存最完整的"红山文化"时期的金字塔。这个金字塔位于四家子镇北约一公里处的山梁上，远看是一个梯形的小山包。近看是三层石砌的塔型建筑，最底层长约三十多米，宽约十五米，向上逐渐变小。报导说，在金字塔顶部发现了七座墓葬和一座祭坛遗址，整个遗址里散落着许

多内壁刻有"米"字符号的陶器碎片，可能与古人对星相的理解有关。在一个墓葬里出土了一支骨笛和一个石环，另一个墓葬里出土了一尊与人体等大的石雕女神像。更令人惊奇的是在其中一个墓葬的墓壁上发现了一具石祖（石雕的男性生殖器），其下方还有一尊小石雕女神像。

出发！寻找不周山，
印证帝禹山河图

众所周知，《山海经》一书是由帝禹时代的《五藏山经》、夏代的《海外四经》、商代的《大荒四经》、周代的《海内五经》四部分文献资料合辑而成的，其中《五藏山经》的性质相当于帝禹时代的国土资源考察白皮书。

《五藏山经》记述有东南西北中五个区域 26 条山脉的自然环境及其物产，以及当地人们的祭祀活动。共计有 447 座有名称有方位有距离的山，及其相关的水系 258 处、地望 348 处、矿物 673 处、植物 525 处、动物 473 处（其中许多神奇的动物都是由人装扮的），人文活动场景 95 处。上述内容已被绘在一幅 42 平方米的巨画《帝禹山河图》中。

《五藏山经》的记载真实可靠吗？《帝禹山河图》的绘制准确吗？这需要实地考察，这种考察包括宏观考察和微观考察两个部分。

所谓微观考察，即对《五藏山经》的每一座山都进行实地考察验证，看看那里是否有相应的矿产、植物、动物和人类文明活动或其遗迹；不言而喻，这需要投入相当的资金和人力、物力，目前还难以全面展开。

所谓宏观考察，即对《五藏山经》的大方位与《帝禹山河图》的地理方位进行考察验证，可以选择若干具有标志性的山峰进行方位对照，例如不周山。

《西山经·西次三经》："又西北三百七十里，曰不周之山。北望诸㲄之山，临彼岳崇之山，东望渤泽，河水所潜也，其原浑浑泡泡。爰有嘉果，其实如桃，其叶如枣，黄华而赤树，食之不劳。"《大荒西经》："西北海之外，大荒之隅，有山而不合，名曰不周负子，有两黄兽守之。有水日寒暑之水。水西有湿山，水东有幕山。有禹攻共工国山。"

根据上述记载，不周山是一座有缺口的环形山，位于西北方（从中原看去），那里是当时人们所认为的黄河发源地，在《西山经》里与昆仑丘相邻，《帝禹山河图》将其绘制在今日黄河河套一带。由于不周山是一种极为特殊和醒目的地形地貌，这种地貌通常只能是由火山爆发或陨石撞击而形成（共工撞倒不周山的传说，表明它可能是一座巨型陨石坑），对此现代科学技术手段很容易鉴别，因此我们非常有希望找到它。

行动！成立禹功联谊会、山海经联谊会

（1）建立禹学、山海经学

在我国的历史传说中，大禹的事迹非常丰富，包括治理洪水，划定九州，确定贡赋，实施人类历史上最早的规模最大的国土资源考察，等等。因此，有必要建立一门专门的学问来研究禹的事迹及其对人类社会发展的影响，这门学问的名称建议采用"禹学"。

与此同时，鉴于《山海经》是人类历史上最古老的一部自然地理和人文地理书，其记录的远古信息堪称是一座文明金字塔（应当为其申报世界非物质文化遗产）。因此，同样有必要建立一门专门的学问来研究解读《山海经》的信息，这门学问的名称建议采用"山海经学"。

从历史学和人类文明史的角度来说，禹学、山海经学属于先夏史的范畴，同时也是先夏史研究的基础。这是因为，帝禹时代是一个承前启后的历史阶段，其前是三皇五帝、伏羲女娲传说时期，其后是夏商周历史时期；因此，只有把帝禹时期

（根据传说时代的时间压缩律，它可能是一段不短的时期）的事情搞清楚，才有可能进一步把帝禹时期以前的事情搞清楚。

（2）成立禹功联谊会、山海经联谊会

目前，海内外许多学者和广大的普通民众，都在关注着大禹治水的事迹，关注着《山海经》的记载，因为它们是中华文明的重要组成部分。在这种情况下，为了团结国内外的学者、爱好者，共同开展禹学、山海经学的研究和推广普及，以及相应文化旅游产业的开发，有必要成立海内外禹功联谊会、海内外山海经联谊会。

我国许多县市，都流传着大禹治水和大禹活动的故事，这些地方的政府文化部门应当成为禹功联谊会的团体成员。

（3）开发禹迹旅游资源、山海经文化资源

大禹治水的遗迹遍布我国黄河上下、大江南北，其中许多地方既有山清水秀的自然风光，又有深厚的文化内涵，也就是说这些遗迹具有旅游资源价值。因此，如果能够精心组织和开发，有希望形成禹迹旅游新线路。

与此同时，根据《山海经》记载的丰富远古文明信息，也可以开发出山海经旅游热线，以及相关的山海经文化产业。

在此之前，我们的当务之急是组织实施禹迹暨山海经探险考察活动。目前，已有一些学者、爱好者和探险家与笔者联络，正在筹备实地考察事宜，以及相应的学术讨论会和策划会。由于这是一项前所未有的创举，也是我们这一代人的历史使命，因此有必要广泛地征求各界人士的意见和建议，同时欢迎更多的有识之士参加，共襄盛举。

后　记

　　本书在编写过程中，借鉴和参考了大量文献和作品，谨向诸位专家、学者致以崇高的敬意。但由于部分作者的地址或姓名不详等原因，截止发稿之前，仍有部分作者没有联系上，但出版时间在即，只好贸然使用，不到之处，敬祈谅解，在此也敬启作者，见书后，将您的信息反馈与我，我们将按国家规定，第一时间对相关事宜作出妥善处理。

联系电话：010 – 80776121

联系人：马老师